跨界视域下的家庭研究

王贵清　黄桂彩◎著

经济日报 出版社

图书在版编目（CIP）数据

跨界视域下的家庭研究 / 王贵清，黄桂彩著 . —北京：经济日报出版社，2022.1

ISBN 978-7-5196-1011-1

Ⅰ .①跨… Ⅱ .①王… ②黄… Ⅲ .①家庭问题—研究 Ⅳ .① C913.11

中国版本图书馆 CIP 数据核字 (2021) 第 259736 号

跨界视域下的家庭研究

著　　者	王贵清　黄桂彩
责任编辑	门　睿
责任校对	王阿林
出版发行	经济日报出版社
地　　址	北京市西城区白纸坊东街 2 号 A 座综合楼 710（邮政编码 :100054）
电　　话	010-63567684（总编室）
	010-63584556（财经编辑部）
	010-63567687（企业与企业家史编辑部）
	010-63567683（经济与管理学术编辑部）
	010-63538621　63567692（发行部）
网　　址	www.edpbook.com.cn
E - mail	edpbook@126.com
经　　销	全国新华书店
印　　刷	廊坊市海涛印刷有限公司
开　　本	710×1000 毫米　1/16
印　　张	12.5
字　　数	167 千字
版　　次	2022 年 4 月第一版
印　　次	2022 年 4 月第一次印刷
书　　号	ISBN 978-7-5196-1011-1
定　　价	52.00 元

自序

　　长期以来，对这本书的出版，已然成为我内心无意识的一种情结。自青年时期起，我便对书中的问题有所思考，并且在不断地阅读和观察中，对形成的思考意识坚定不移。出版本书，于我而言不仅是表达个人的一种想法，更多是已经成为我不得不说的一种责任感。最初困扰我的是关于"意识的本质究竟是什么"这个问题，对此我百思不得其解，直到后来我终于明白了意识是一种帮助人类生存的记忆工具，循着这一思路我发现人类语言，并且确信如果人类抛离了语言这一外置式记忆存储工具，那么我们跟动物之间也没有多少本质性的区别。正是借助于语言这一外置式的记忆存储工具，我们才能够记忆和存储更多的生存经验，才能够一直进化下去。那么，又是什么驱使语言工具得以丰富发展呢？是家庭，一种人类复杂的伦理互助的家庭生活模式，这种家庭遵循一夫一妻、尊老反哺及父权管理的原则。在这样复杂的家庭生活模式中，因为尊老敬老，人类的语言记忆工具得以丰富发展。正是互助的家庭让人类走出了动物世界进化的原则，让人类开创了另外的种种可能。

　　但是，走上人类社会化生存道路的始祖里面，有部分人为私利诱惑，利用人类语言所创造的智力活动，在人类内部实行了如动物世界一样的生存模式，这就是人类的私有制历史。在私有制社会，如同动物世界食物链生存模式，人类贫富悬殊、两极分化。人类货币以资本掠夺的形式，掠食于民，而事实上货币本来应该是用于促进生产自然循环的流通性工具。这种私有制货币的代表就是美元，美元操控着世界经济。美元为了实现其霸权无所不用其极，为了遏制中国崛起，美国四处唱衰中国，并且要求中国完全开放金融。但是只要我们明白金融攸关国民经济命脉，我们就要坚决地有序开放，尤其是涉及国家核心利益的领域，如核电、军事、民生、安全等领域。我们需要做的是发展工业化，增加就业和民生福祉，定向注资于养老、教育、医疗等行业，而不是盲目地开放金融。

我们人类因为互助家庭，因为语言的丰富，从动物世界走出来；因为私有制又重新走进动物世界，这一来一回，就是我们人类波动的命运轨迹。本来我们不应该遭受这样的命运，因为人跟人之间是一体的，不应该有私有制这种竞争的社会模式，这种模式把人类又拖进了斗争和分化的边缘。人类因为这种竞争的社会模式而心态失衡。

以上是本书的一些梗概，具体正确与否，还需要智慧的读者细细辨识。在本书的写作过程中，我要感谢曾经的那些师长、那些幸或不幸的遭遇，以及我的家人朋友，还要感谢本书的撰写与整理者王仲城，他参与了整个书稿的整理写作，并且在一次次的探讨写作过程中，贡献了自己的智慧，对本书裨益甚多，特此申谢。

王贵清

2019 年 11 月 20 日

引言

对人而言，认识自己，是最为困难的志业。曾几何时，我们以为自己很了解自己：我们的科学飞速发展，我们能飞天遁地，上能遨游于九霄群星之外，下能入大地大洋之滨；我们的生活物质条件得到极大改善，我们能享受科技创新带来的最便利的生活福利，我们过着物质与精神看似丰富的生活。

尽管如此，我们却对自己的日常熟视无睹、默然置之！迄今为止，人的意识问题仍然是人类认识史上的未解之谜。我们在日常生活中，不止千万次地运用它、提及它，诸如，我想、我觉得、我记得等等，无不是意识及其作用的代名词，尽管千万次地被提及，但熟知不等于真知，至今我们对它并没有形成本质性的认识，而本书的出发点正是建立在对意识本质的探索基础之上，由此演绎出人类的进化，以及人类命运等深切的问题。

全书行文结构可以概括为三个问题，每一个问题对应一个篇章（上、中、下）的论述，具体如下：

第一，人是如何从弱肉强食、优胜劣汰的自然法则中脱颖而出，成为万物之灵的？

第二，人是如何在以智力异化为基础的私有制经济中丧失自我，落入隐形食物链的？

第三，人在性格决定命运的法则中如何改变自己、改变命运？

本书的所有探索与努力都是旨在对以上三个问题做出回答，在探索过程中，我们发现了人类意识与语言的秘密、发现了人类独创的家庭及其本质性意义、破译了货币密码，并对人的命运进行深入的探索。

哲人说，不曾思考的人生是没有意义的，对一个不曾有过深思的人而言，我们的探索可能是匪夷所思或闻所未闻的，但在我们的探索中从未试图以一个不知道解释另一个不知道，或试图以黑洞式的话术体系来蒙混过关，毋宁说我们愿意在全文的各个章节接受最严格的科学检验与事实批判，如果我们言出无据或信口开河，相信也必定无法逃过读者的慧眼；又或者是我们的表述不当引起理解上的不适，我们也愿以最诚恳的态度接受大家的批评指正，并能因此促进对上述问题的深入研究，是为大幸。

目　录
CONTENTS

下篇　命运的选择

上篇

自然法则与食物链

第一章
人类意识本质性原理探究

  人从哪里来？人该做些什么？人与动物的区别又是什么？在文明社会，这些根本性的问题，总是以似是而非的面目迷惑着我们。事实上，只要我们深入地想一想这些根本性的问题，就会赧然于自己的所做所为，"认识你自己"的古老训诫，从未过时，因为对人而言，最难琢磨清楚的永远是自己。

第一节　人与动物并无本质不同

  我们并不企图以多么高深莫测的理论知识给读者造成无谓的阅读困难，因为作为一本书的意义并不在于证明自己多么高明，炫智于读者，而毋宁说我们愿意以最通俗易懂、最浅显明了的语言与现代科学理论知识来引导大家对"人究竟是怎么一回事"，以及"人究竟该做些什么"等问题有个简易明白的自我了解。

  作为全书的开篇，我们想从一则历史报道说起，因为历史就是已然发生的昨天，它具有事实上的确定性：

  1920 年，印度传教士辛格在一个巨大的白蚁穴附近，发现狼群中有两个"狼孩"——阿玛拉和卡到拉。辛格把她们送进了米梅纳普尔市孤儿院。据辛格讲，这两个孩子刚回到人类社会之初，具备狼的特点，有明显的动物习性：吞食生肉，四肢爬行，喜暗怕光，白天总是蜷缩在阴暗的角落里，夜间则在院内外四处游荡，凌晨 1 时到 3 时像狼似地嚎叫。给她穿衣服，她却粗野地把衣服撕掉。她目光炯炯，嗅觉敏锐，但不会说话，没有人的理性。辛格牧师夫妇俩为使两个"狼孩"能转变为人，做了各种各样的尝试。阿玛拉到第二个月，可以发出"波、波"的音，诉说饥饿和口渴了。遗憾的是，回到人间的第十一个月，阿玛拉就死去了。而卡玛拉四年后掌握了六个单词；将近五年的时间学会了两脚步行，但快跑时又会用四肢。又经过五年，她能照料孤儿院幼小儿童了。她为自己想做的事情（例如解纽扣儿）做不好而哭泣。女孩卡玛拉一直活到十七岁。但她直到死时还没真正学会说话，智力只相当于三四岁的孩子。

以上是一则关于"狼孩"的故事。但这并非唯一一则关于兽孩的故事，类似的还有"熊孩""豹孩"等等，都是人类孩子在特殊环境中被动物所收养，并且习得了动物的本能，成为兽孩。人们对此的解释是人类社会生活对人类心理影响的决定性作用，这种笼统的说法并不足以取信爱好思考的人们，因为我们必须清楚地知道在人类与动物之间是不是真的存在着泾渭分明、判然有别的本质性区别？如果是，人类又为什么在动物世界中如此容易地就成为兽孩呢？

事实上，人与动物并无本质性的差别。甚至于说本能性心理层面，人跟动物也都遵循着同样的机制与原理。人们倾向于认为人远远高于动物，并且强调人类有着与动物截然不同的主观能动性，这是一种结果论而不是原因论，即人类总是以自己现有的所谓文明成果与宰制大自然的力量来夸大和否认人类与动物之间的同源性。实际上，人跟动物之间的生理差异是极小的，在人类与不同物种科属之间的基因检测中，人类并没有所谓的超常基因，而是大部分基因都跟其他物种有着或多或少的一致性。那么人类所谓的"主观能动性"，一种让人类拥有了驾驭自然界的力量又是从何而来，这就要从人类的意识问题说起。

意识的本质性原理问题，是人类的根本谜题之一。以之为课题，展开的科学实验、科学假设及推论，不计其数，但迄今为止，仍未有科学家以十分通俗易懂、科学合理的方式告诉世人意识究竟是什么，以及它是如何发生作用的。笔者因为困惑于意识的本质性问题，经年求索，研究生物科学、人类心理学、经济学及中西方文化，对意识的本质性原理问题，逐渐形成了一套系统认识，并且深信只有从根本上破解人类意识之谜，才能正确地理解人类。就意识的本质性问题，我们想从其生物学基础、工具性本质，以及平衡性目的三个方面加以说明。

第二节　意识的生物学基础

一、一个引子

在正式论述我们的探索与发现之前，我们不妨来一起看一个有趣的思想实验：一个人被邪恶的科学家实施了割头手术，他的脑被从身体上切下来，并且被保存在了实验室的营养液中，脑的神经末梢连接在计算机上，计算机则按照程序给脑传送信息，以使他保持一切正常的幻觉。对他来说，似乎人、事、物一切都还存在，自身的感觉、运动都正常。这个脑还可以被输入或截取记忆，甚至可以被输入一段代码，以使他能感觉到自己正在这里阅读一段有趣而荒唐的文字的错觉。

这是由美国哲学家希拉里·普特南所做的一个关于意识的著名实验——《缸中之脑》，撇开天马行空的想象力，我们是否会从中产生这样一个疑问，即意识究竟是什么东西，它跟"我"又是什么关系，如果真的如实验所示，意识是否就意味着其实就是对信息刺激反应所产生的一种简单记忆，它的本质性原理又是什么呢？

二、意识与大脑

作为现代科学的一个基本常识，意识跟大脑的关系，似乎尽人皆知，二者的关系看似简单易懂，但往往被很多人所忽略、漠视，并有意无意地低估了二者之间深刻的内部因果关系，由此形成了形形色色的怪异学说，如刻意地割裂意识与大脑的基本联系，以为存在着能脱离身体结构与功能的神灵，鼓吹所谓"神仙"与"大师"，实则要检验这些所谓神仙们的道行是否真的高深莫测，可以脱离身体的控制，一个最简单快捷的方法就是请外科医生给他们来一段记忆遗失手术，到时且看他们是何气势。大脑意识实际上是人类的生理性活动，我们从壮阳药的使用上也可以推论出来。试想一下，如果让那些所谓的"神仙"、"大师"试试壮阳药，他们是不是也会本能性的产生性欲的大脑反应呢？这是一种通过药物作用于生理，生理又产生相应心理活动的必然结果，这也说明了大脑的生理性特征。

让我们再来看一个经典的脑科学案例——韦尼克失语症。1874年德国医生卡尔·韦尼克发现一位中风的病人，虽然病人可以流利的说话，但说出来的话却是毫无逻辑，近乎语无伦次的，并且他也无法听取语言信息和阅读文字。韦尼克经过科学研究发现这种病因跟大脑左半球颞上回后损伤有关，颞上回后损伤导致了语言理解的障碍，这一区域损伤的最主要表现就是语音正确、语汇丰富，但却缺乏应有的逻辑性，让人无法理解。另外其他一些脑部组织的损伤也会导致相应的功能性障碍，如当人类的联合额叶与颞叶等区域的神经纤维联合系统受损之后，病人就不能对现实与环境的客观存在进行符合现实逻辑性的反映；顶叶损伤的病人不能通过视觉辨认球体，甚至还会产生一些奇怪的想法，如否认自己的身体，产生身体不是自己的的幻觉。由于大脑特定的区域受到损伤，因此产生视觉、听觉、嗅觉、知觉、时间感、空间感等各个方面的心理功能紊乱及意识内容错乱，这并不是说明意识作用的消失，恰恰相反，大脑受损后各种心理及行为错乱，是一种错乱、无逻辑的意识，即一种不符合人类生存模式与规范的错乱意识的产物。大脑组织的完整性与健康性跟人的正常逻辑行为存在着直接的关系，因此我们可以大胆地用现代科学研究的结果得出结论：人类富有逻辑性特征意识的早已蕴含了生物学进化的因素，或者说，我们的人类特征意识与人脑内部的神经系统组织活动之间存在着一种必然的，具有决定性的相互匹配与对应关系。

三、大脑意识功能的进化史

在确认了大脑与意识的基本关系之后，我们再来考察一下大脑意识功能的进化史。自然科学的研究史告诉我们：人脑是生物进化的最高成就，其中包含着意识、语言、智力等被认为是人类独有的生物终极性特征。事实上，在这些特征出现之前，大脑自身的进化已经取得了长足的进步，或者说，语言与文字的辨识处理功能，只是大脑进化的阶段性产物，并不等于进化本身。大脑进化是大脑神经系统的进化完善与各阶段功能的相继出现，人类意识、语言就是人脑进化完善高阶段的产物。

任何生物的大脑都是存在于和嘴巴接近的位置，即使是最原始的无脊椎生物，食道也是从大脑中间穿过。由此表明，大脑的进化实质上是一种为了生存适应而进行的进化活动。记忆能力是大脑进化过程的一道重要分水岭。大脑有了记忆与判断能力之后，就能对世界的好坏进化价值判断，即对环境是好还是坏有了情感上的偏向，因此产生了预判与奖赏等相关意识。即便是扁形虫和一些低等昆虫，也能够通过自己的经验及偏好进行预判，因为它们已经形成一套奖惩机制来约束他们的行为。在记忆能力的基础上，人类大脑有着比动物更加复杂的进化，如社交、决策、互助等，但这些功能依然是从最基本的神经系统进化而来，大脑进化遵循"食色性也"的基本原则，即生存的饮食与繁衍的需要控制着大脑进化的方向，那些控制我们能吃什么及不能吃什么的感觉经过无数次的习惯已然内化为我们的直觉意识。因此进化程度最高的前页皮层负责决策和社交，同时它与控制味觉、嗅觉及舌头、嘴唇及肠胃的部位紧密相邻。简单说来，大脑意识功能的进化有如下三个阶段：

第一，无意识阶段。最初，世界上的任何生命都是无意识的。无意识的作用有二：一是任由自然选择，自生自灭；二是以完全有序的行为方式支配自身，应对内外刺激作用，及时反应，获得生存。

第二，简单记忆阶段。当生命进化到一定程度，生物体开始能够以简单的记忆形式来记录相关的刺激与反应，并在这样一种长期的刺激——反应过程中，积累起"习惯性"与"模式化"的亲身经历，形成本能性的生存经验，就开始有了所谓的"意识"。也就是说，记忆是意识最初、最基本的形式。

第三，神经系统阶段。随后，人类缓慢地发展出各神经系统，意识能力大大提升。神经系统对生命的进化有两种最主要的作用，即移动与记忆。一套完善的肌肉控制神经系统，可以使生物便捷地获取食物、同伴和躲避天敌的追捕，获得更加便利与安全的生存状态。如寒武纪扁形虫，它首先进化出了便于移动目的的控制系统——大脑的组织萌芽。这种原始、简单的大脑萌芽雏形虽然只能帮助组织身体的线路结构，但是它由此拥有了作为生物第一要务——寻找食物的结构与功能。漫长的进化史中，人类依照生存所需的迫切性次序依次发展出运动中枢神经系统、语言中枢神经系统等，其中语言中枢神经系统的进化与发展，是意识进化的历史性阶段。从此以后，人类能够通过语言的形式承载意识及生存经验，大大加速了人类的进化进程。

需要指出一点，所有的生物都遵循生存迫切性的合理次序进化，如所有脊椎动物的身体都是聚集在神经系统周围，神经系统发展到一定程度时便占据了整体身体，并按照自身的需求来组建身体，使个体与外界有了更复杂的联系。意识也是在这样的组织过程中完善与发展，每一个意识从始至终都与生物的本能性需求与活动之间息息相关。可以这样说，意识的产生始终是围绕着物种长远生存的进化目的，而意识的进化，说的简明些，实质上就是意识记忆能力的进化，即不论对动物而言，还是对人来说，进化从根本上说就是记忆力的竞争问题，因为记忆的实质代表着生存经验，生存经验的存储量直接决定了一个物种的命运走向，这些我们将会在下面陆续讲到。

第三节　意识的工具性本质

一、一个事实

在以上的探索中，我们明白了一个基本的事实，即意识是大脑及其神经系统进化的阶段性产物，并且它服务于物种生存与繁衍的本能性需要。这一点，在我们日常的观察中可以很快的得到证实。如果大家观察过精神病患者，或是智障者，毋庸置疑，他们的大脑受损或不健全，表现出来的言行举止颠三倒四，甚至出现幻觉。只要仔细观察，无论其表现出来的行为如何怪诞，有一个基本的事实是无法逃避的，那就是他饿了依然会去找吃的，如果发现有人对他不友好，他依然会选择逃避，生物食色的本能性需求并没有因为他们的意识错乱而消失，而更加明显地体现在他们的身上。这也更加说明了一个事实：本能性需求是个体最基本、最原始的追求，意识活动服务于本能性需求。健康良好的意识活动能更好地促进本能性需求的满足，而错乱意识会影响本能性需求的满足，但并不会使本能性需求消失。

人跟动物有着同样的原始本能性需求，即食色的需求，人类意识与动物意识同样服务于这种本能性需求。这一点通过对自然世界的观察和人类世界的对比观察，我们也能很容易得出结论。在自然世界，每一个物种不论其所处的食物链地位如何，不论是忙着亡命奔跑，还是忙着竞逐捕猎，或者是迫于自然环境的大迁徙，不论他们的行为如何多样，它们的每一个意识都是为了让自身能够生存下去，为了让自己的后代与族群能够繁衍下去。反观人类世界，可能会有人说，我们的意识不再如动物一般只是困顿于生死之间，我们有了更多的选择，我们有了文化生活，我们不再为了吃而吃等，人与动物之间因人类的"主观能动性"而产生的差距错觉，让人不屑于再同动物作为参照物。事实上，首先我们从未正确理解过人类"主观能动性"背后的原因为何，其次，天下熙熙，皆为利来，天下攘攘，皆为利往，"利"就是人为生存而谋取的生存资源，就是人类为了满足自身食色需求的种种努力，这跟动物又有何区别？

二、意识工具

既然人与动物的意识本质上都是服务于物种生存与繁衍的目的，那么我们就有必要再来细细追问，意识它的内涵与本质又是如何的呢？

对于意识及其本质的探索，现代美国学者麦克森通过研究指出：人脑最外层是新皮层，它是尼人到智人阶段进化的产物，是智力、想象力、判断力、计算力的发源地；新皮层下边是缘脑，它是从哺乳动物遗传下来的部分，控制着情感；缘脑里边是爬行动物脑，是从爬行动物那里继承下来的部分，控制着人的一些本能的、无意识运动；人的意识和人脑一样，都是历史发展的结果。

进化心理学代表人物戴维·巴斯等人认为：人类心理是一整套的信息处理装置，这些装置是由自然选择而形成，其目的是处理我们祖先在狩猎等生存过程中所遇到的适应问题。当代人类使用的高效心理机制，早在采集时代就已经进化近乎完美。人类心理进化带有漫长的历史进化痕迹，今天活着的每一个人都是进化的产物，是见证人类生存的活化石。

现代科学的研究也证实了当大脑进化到能以记忆的形式接受信息刺激与反应时，就产生了所谓的意识，由此我们可以得到一个简单的推论即意识是历史的产物，是大脑的特殊机能，是生物适应性生存的信息处理工具。更确切地说，意识本质上是生物主体为适应生存，对海量信息刺激所做的抽象、简化、分类、压缩的一种记忆过程，是一种生存的适应工具。

当然意识的这种记忆过程，并不是简单的点对点的记忆过程，其中蕴含着深刻丰富的生物学认识机制。首先，我们发现如果没有神经系统对刺激信息的接收、存储、反应，就无法形成感知与表象，意识活动将无法进行下去；其次，意识活动明显带有信息过滤、组织联接、多任务功能等特点，并不是一种复写式的全息投影，其中具有加工和处理的过程；最后，意识活动是一个连续的活动过程，是从感觉、知觉到表象的连续认识改造过程，在这个过程中每一个表象的存储都离不开意识的记忆功能，而调动大量表象进行生存适应就需要有一个庞大的记忆库作为支撑，离开了记忆库的支撑，就无法对表象进行提取、分类，更无法形成所谓的认知。

从以上意识的活动机制中，我们知道没有原始刺激感应的感觉就无法产生知觉记忆；没有知觉记忆就无法产生表象；没有感觉、知觉和表象就无法产生心理作用。这种前者决定后者的不断发生过程，就是意识活动的本质，而这个规律的本质性意义在于最原始的生理决定心理、心理决定意识的过程。这说明意识从根本上承载记录着思维活动所必须的记忆信息。具体来说，意识是一个包括声、光、色、嗅、触等综合作用和成像过程的复杂记忆活动，它是物种以自身所有的官能综合记忆生存环境并且通过特殊的压缩机制形成的记忆活动。

三、虎斑纹原理

为了进一步确切地说明意识活动的生物学机制，我们来考察下动物认识的一般性规律——虎斑纹原理。

不知道大家是否有留意到自然界中这样一个现象：老虎作为百兽之王，其色彩斑斓的虎斑纹让人惊叹大自然的神奇杰作，但更为神奇的是食物链底端的动物，如兔子、牛、羊等一旦发现虎斑纹，不论是真实的虎斑纹还是色彩相似的，又或者动物是否认知这片虎斑纹的拥有者（老虎或其他），都能在第一时间刺激动物做出逃命的生物行为。那么我们不禁要问到底是什么样的机制和原理刺激这些动物发出这样一种"见虎斑纹而逃命"的生物学指令呢？

要明白"见虎斑纹而逃命"这一虎斑纹原理的内在机制，我们首先需要对记忆的基本原理有所了解。所谓记忆的基本原理，就是关于生物记忆的条件反射和非条件反射原理。生物通过（非）条件反射的记忆功能同周围世界发生关系。传统生理学认为，动物反射可以分为条件反射与非条件反射，前者是指对语言、文字等刺激信号的一种反应，被认为是后天建立的，并且只有人才能拥有；后者则是对具体直接物体的一种行为反应，是一种先天性的、不假思考的反应行为，为人与动物共同拥有。

我们发现传统上对条件反射与非条件反射的界定并不清晰，因为它过分夸大了人跟动物之间的差别。通过研究发现，人跟动物在对客观刺激信息的认识与反应上，只是一种识别过程的不同，并不是本质性的不同。不论是条件反射还是非条件反射，从本质上说，都是主体对生存信息的一种模式化记忆反应，差别就在于动物并没有形成像人那般发达的语言信息系统，能够将大量生存经验以外置的方式存储，以备生存上的不时之需，那些并非关乎即刻生死存亡的生存信息被人以语言的外置工具形式存储着，一旦有相应的刺激，人再从外置式语言中调动相应信息，做出应对，这就是记忆的条件反射；而那些关乎物种生死存亡的记忆，在无数代的生存竞争中，一次又一次、一代又一代地被物种记忆着，这种记忆甚至在动物的神经系统上留下了生存的记忆痕迹，神经系统的结构跟功能也随着记忆痕迹而发生变化，这就是所谓本能性心理的非条件反射。

条件反射跟非条件反射并非截然对立，之所以后天的经验不能明显地改变生物性状及塑造神经系统的生理结构与功能，是因为相比于非条件反射，条件反射的后天经验刺激太小、时间太短，小到不足以使生物发生明显的生物学性状改变或塑造神经系统功能，但并非没有影响，只是以肉眼无法看到的生物学痕迹性记忆的形式存在而已。需要加以说明的是，条件反射可以通过长期性地积累变成非条件反射，而长期性条件反射的结果，就是生物性状和功能的显化，例如鱼的形体、长颈鹿的脖子，以及见某物而知趋避的大脑神经结构功能等。人类大脑的形成，也是由起始的生物性痕迹积累到结构性的功能质变。由前人类开始的互助生存模式同样是潜移默化的条件反射，通过数百万年积累让前人类的大脑结构开始有所变化，当然这是后话。

通过对记忆的条件反射与非条件反射原理的基本解读，我们是不是对"见虎斑纹而逃命"有一个更新的认识？首先，无疑这是生物的一种非条件反射作用，是生物在亿万年的生存适应过程中形成的对生存敏感信息的一种快速捕捉与反应，以适应生存的需要。它的基础就是意识的无数次记忆，乃至于深入物种的内部神经系统，形成了痕迹性的记忆，即一种能够接受刺激反应的即时神经记忆反应。长期生死存亡的场景记忆，对生物的威胁信息已经跟生物的情志反应系统合为一体，对老虎的恐惧已经深深地内化为食物链底端动物的恐惧神经系统，促使其见而远之；其次，动物记忆虎斑纹而非全像素的老虎，这其中涉及动物抽象记忆原理。对动物来说，哪怕对大脑已经十分发达的人类来说，相对外部世界海量的信息群，自身的记忆容量就显得十分的有限和不足，面对这种海量生存信息与自身容量远远不足的结构性矛盾问题，动物和人类选择的都是进行抽象记忆。所谓抽象记忆，其过程大致如下：

①对所处的生存场景进行记忆编码，区分出 A、B、C、D 等；

②对编码的场景进行压缩处理，抽象其核心特征；

③对压缩的生存场景进行分类，归类为天敌、食物、巢穴等；

④对分类的生存信息进行处理，对应于不同的情志反应系统，如喜怒悲恐思等；

⑤根据情志反应系统的结果，对外界信息予以回应，或趋或避。

虎斑纹也正是动物对天敌老虎身上最有代表性特征的一种记忆抽象。动物由于自身生物性记忆容量有限，因此在面对大自然弱肉强食、优胜劣汰的食物链法则时，必须在无数的生存信息中抽象出攸关生死的重要信息，并忽略其他不那么重要的一些信息，以趋利避害，适应生存。试想一下，如果一只兔子是以全像素的形式来记忆大自然的各种信息，那么就算它能很完完整整地记忆出来 A 老虎的特征，那它还得记忆 B 老虎、C 老虎、D 老虎等的特征，而光是记忆这几只老虎的全息信息已经耗尽了它们可怜的记忆容量，如果这时候还有一只瘸腿的 E 老虎，它在思考这是不是老虎的时候，是不是已经被吃掉了？因此哪怕真的存在过以全息形式来记忆的意识记忆形式，那也早已随着那只爱思考的兔子而淹没于残酷的自然生存之中了。

尽管动物以虎斑纹的抽象记忆原理获得了生存上的大大进步，但对于人而言，还是望尘莫及。因为在人类的进化过程中，丰富和发展了外置式语言的功能，如果说虎斑纹抽象记忆原理是图像与语言的初级转化功能，那么人类丰富的语言就是一种高级的图语转化形式。

四、语言工具

在下面的篇章中，我们将在专门章节来阐述语言在人类进化中的里程碑意义。故在这个板块，我们主要就语言与意识的关系，以及语言对意识活动机制的意义上做一个简要的说明。

语言是意识的载体。意识不论是人还是动物，作为生物的一种思维记忆活动，必然要求有个物化的载体，这个载体就是语言。语言是意识的载体，不仅人类有语言，动物也有语言，并且有个体语言与集体性语言之别，动物的个体语言表现为其自身的肢体语言，通过这种肢体语言，动物能迅速在食物链中找准自身的定位。例如，动物自身的形体图像、或者天敌的图像，用于界定你、我、他，包括自身在生物界食物链之中的地位，它是动物在无数代的历史演化中的一种生存图像显像；动物的集体性语言指物种内部用于加强集体交流、协作，以及互助的一种语言，服务于物种自身群体的生存活动，如动物的警戒语。动物的警戒语，如羊群头羊看到狼之后发出的"咩咩"的叫声、对人类来说，这叫声可能跟日常羊的叫声没有什么差别，但实际上，它可能是对"狼群来袭，请大家快逃避"这一危及羊群安全的生存场景的一种抽象羊语，这种抽象羊语只有羊群能够听懂。在其他物种来说，这可能只是毫无意义的咩咩叫，或者一种恐慌之后的惊恐表现，但对于羊群集体生存来说，这种咩咩叫至关重要。这种看似简单的叫声，实则是一种蕴含复杂视觉信息的声波载体，它抽象和压缩了复杂生存场景的视觉图像，并以语音的形式警示羊群。

当然，相对于人类语言，动物语言只是一种前语言。人类语言在动物虎斑纹抽象记忆原理的基础上，进一步演化为一种外置式、数字化的语言记忆工具体系。对意识来说，语言的意义在于：

①以数字化的形式，解放了人类生物内存，增加了可记忆容量；

②人类的智力得到大大提升，加速进化；

③实现对本能性心理（食物链心理）的转化。

虎斑纹式抽象记忆只是管中窥豹的局部认知模式，对动物来说，他们可以凭借虎斑纹式抽象记忆迅速识别天敌，以及各种必要的生存信息，乃至能知道自己在食物链生存模式中的地位，以便快速做出生存应对。但无论如何，它们终究还是无法逃脱大自然"天地不仁以万物为刍狗"

的食物链法则。因为他们只认识眼前的敌与我，并不知道整个食物链的天择，更遑论从这种食物链中解放出来，而人类凭借语言这种外置式生存经验记忆工具不仅解放了自身的记忆内存，更使人类以伦理道德的生存模式从自然界的食物链法则中解放了出来。

五、第一心理系统和第二心理系统

语言的丰富发展，使人类意识与动物意识有了一个质的区别。人类意识与动物意识的差别性，就在于人类进化出了丰富的语言功能，语言的丰富发展让人类意识的思维机制发生了一次历史性的大突破：

这种历史性突破的意义就在于人类在动物一般性心理的第一心理系统的基础上，形成了以外置式语言为基本工具的第二心理系统。

第一心理系统是动物，包括人类所共有的一种心理系统，它是物种为生物学食色本能所驱动的本能性心理机制，这种心理系统是以物种的生物学记忆内存为支撑，以虎斑纹抽象记忆原理为基本记忆法则的本能性心理系统。第一心理系统的特点有四个：一是它是物种的本能性心理反应，占用物种自身的生物性记忆内存；二是它遵循虎斑纹的抽象记忆原理，即它是以抽象、分类、压缩、记忆的形式对生存环境信息予以整合，无论外界信息多么纷繁复杂，经过抽象、分类、压缩、记忆的形式，最终形成的都是以食色本能为核心的基本分类，如天敌、食物、巢穴、伙伴等；三是它是一种图像记忆，图像是第一心理系统的基本语言，大家知道图像相对于语言、文字而言，往往是高像素、低压缩率的，加之物种本身生物学记忆内存的有限，所以以图像为基本记忆单位的第一心理系统，大大地限制了物种的记忆容量，变相地说，也限制了物种进化的可能性；四是动物的第一心理系统是短逻辑的心理反应系统，因为物种为了适应动物世界食物链剧烈的生存环境，时时刻刻都需求保持警惕，哪怕是一些处于食物链顶端的动物也需要为食色而不停忙碌，它们真正平衡的时间很短，往往是一顿饭的平衡时间，之后又需要为之搏斗。

人类出自动物世界，因为人也有着跟动物一样的第一心理系统，与动物的差别在于：人类借助语言工具，形成了以外置式语言为基本记忆单位的第二心理系统。第一心理系统是以物种自身的生物学内存为支撑，以虎斑纹的抽象记忆原理为基础的本能性记忆系统；第二心理系统则是以语言中枢神经系统为生理支撑，以外置式语言工具为基础的高压缩率记忆系统。不论哪种物种其生物学内存都是有限的，这是物种的结构性难题。为了解决这种难题，人类在本能性的第一心理系统基础上发明了可以近乎无限记忆的第二心理系统。第二心理系统的特征在于：一是它是人类复杂伦理互助生存环境的产物，是人类一代代尊老反哺积累的生理性结构功能变化；二是它以外置式语言工具为基本记忆单位，具有高度的压缩性，可以极大地解放人类的生物学内存，人类借助语言与文字符号的抽象压缩功能，可以节省大量的记忆内存，使我们可以实现海量信息的记忆并支撑起我们对极其复杂的生存场景的回忆与分析观察，并据此执行相关的判断功能与工作；三是第二心理系统的语言信息可以通过虎斑纹抽象记忆原理的形式转化为第一心理系统，即无论多么复杂的语言信息、文字系统，都可以通过最基本的生物学分类，还原为本能性的第一心理系统记忆，并引起相应的情志反应；四是第二心理系统具有持久的平衡性，即通过外置式语言工具，人类实现了比动物更久的平衡性，因为语言工具增加了人类的生存经验，提升了人类的预见性，让人类不再像动物一样时时刻刻波动不安。

或许我们还可以这样来理解第一心理系统和第二心理系统：在人类与动物二者生物学记忆内存相同的情况下，人类借助数字抽象压缩技术建立了以语言为符号象征的第二心理系统记忆库，从而可以记忆大量的生存信息，并可供人类随时调取相关经验信息帮助解决当下的生存问题；而动物由于缺乏语言工具的帮助，不能建立以外置式语言为工具系统完备的第二心理系统，它们的记忆库会很小，很快就被少量的视觉性生存经验占满。显然前者用语言符号所能够承载和记忆的信息量要远比后者用视觉图像来记忆生存经验量要丰富得多，动物只能够使用有限的记忆力记忆以及与食物链环境生存相关的经验信息。人类则可以有很多的假设和推理运用于问题的解决。

所以，第一心理系统和第二心理系统的区别，根本上源于生存经验记忆量的多少，包括是否进化出能够对于生存经验信息进行高度抽象与简化的文字语言工具和图文互译的脑功能组织系统。人类因为语言工具的帮助，记忆量大增，由此为人脑进行当下和长时间的因果关系推理而提供大量的运算素材，而动物对于生存经验的记忆方式效率偏低，只能够进行一些唯利是图、短视的食物链模式的逻辑性识别与推理活动，而无法支持多领域长逻辑性的推理运算。

试问，如果我们人类失去了语言工具，我们跟动物之间的本质性区别又在哪呢？

六、由动物向人惊险地一跃

现在，如果我们再回过头看看狼孩悲剧，是不是发现被剥夺了语言的人类，本质上跟动物一般无二，没有任何不同。在狼群中长大的孩子越来越像动物，而不像人：虽然他们拥有人类的身体与大脑，却有着动物的行为与认知模式，被人类发现并拯救之后，他们还是照样维系着动物的生存习惯与生存方式，不能很好地融入人类的社会生活，并且寿命极短。狼孩悲剧的实质就是由动物意识向人类意识的惊险跳跃，也就是实现从动物普遍共用的第一心理系统向系统完备的人类第二心理系统的转化，只有成功实现这种转化，才能由动物转而成为真正的人。这个过程并不能简单归纳为像一般心理学所认为的社会环境因素，它是一个更复杂和更具有长久逻辑因果关系的一个过程。

事实上，系统完备的人类第二心理系统的习得需要两个基本的条件：一是语言的学习。因为语言是第二心理系统的基本工具，没有丰富的语言，就意味着没有形成系统完备心理条件的基础，而语言的习得又必须有语言赖于形成的生物性条件——语言中枢神经系统，语言中枢神经系统如前面章节所言，是人类大脑进化演变到一定高度后的产物。大家都知道人类的婴孩期是相对较长的，这是因为人类的大脑组织结构复杂，需要有一段长时间的生长和发育的过程，后熟的大脑组织结构蕴含着人类进化的所有基因和秘密；二是复杂的人类互助环境。我们这里强调的是一种复杂的互助环境，而不是简单的归纳为社会环境，因为社会环境中有互助的情境，也有非互助和不和谐的情境，我们强调互助，是因为只有互助的情境能够激活人类大脑组织结构中支持第二心理系统形成的结构回路，而那些非互助、不和谐的情境只会激发人类的第一心理系统，让人类形成与动物一样的生物本能性心理结构，从而像个动物而非人。

只有满足上面两个基本要素，才有可能实现从动物意识向人类意识的转化，无疑狼孩悲剧的实质，就是动物意识向人类意识转化失败的一个悲剧。在婴儿心理形成的过程中没有人类互助特征的家庭伦理环境及人类语言的学习，婴儿遗传的第一心理系统动物性生存本能开始发挥作用，以帮助婴儿进行环境与自我的快速区分，让婴儿形成趋乐避苦的生物学自我意识本能。这种本能性心理是一种简单、快速、便于迅速自保的食物链动物心理，它并不是由人类语言体系构成的第二心理系统人类特征自我意识体系，而是为了生存与自保而形成的食物链心理。在婴儿还没有掌握语言工具进行人类特征意识构建之前，过早地进入食物链的生存环境之中，在极度恶劣的环境中，激发了婴儿的食物链求生本能。与此同时，也没有相应的人类复杂的伦理生存环境来对他们进行引导、教育，等到他们的大脑发育定型，他们的心理结构就定格为食物链动物心理，哪怕再回到人类社会，也显得格格不入，难以适应。

由此我们也确证了人类与语言的关系问题。事实上，人类与动物在生理性层面，乃至第一心理系统的本能性心理层面都是没有质的差别的，只有在以语言为基本工具的第二心理系统方面，也就是说，只是在人发明和丰富了语言的高度抽象记忆存储功能之后，人的进化开始加速，人跟动物之间才产生了所谓质的差距。但如果我们仔细地观察二者，彼此之间的差距实际上就是工具性的差距：人因为语言的高度压缩存储功能，而大大进化了人类智力，实现了人类的互助生存；而动物利用虎斑纹的低压缩率实现了食物链的适者生存。从根本上说，二者同样是服务于物种生存与繁衍的生存目的。

语言，以及产生语言的先在条件——最优的家庭集团化生存模式，让人类得以超越动物，走出食物链：通过一夫一妻建立稳固的团体，避免了物种内部的优胜劣汰，并由此保全了种群内老人；通过尊老反哺的方式，让群内的老人老有所用，将生存经验加以整理和传承，继续丰富语言；通过父权管理，合理分配家庭成员分工，实现家庭每一个成员的生存，并保障了家庭的安全。通过人类道德伦理家庭的建构，使人彻底从自然界的食物链生存模式中解放出来。可以说，人跟动物之间的根本区别就在于人类选择了伦理道德的生存模式，选择了家庭式的进化路径，除此而外，二者并没有什么本质性的不同。

家庭道德伦理的生存方式让人走出了食物链的生存模式，但如果人类利用语言经验积累所创造的人类智力优势，实行人类内部的优胜劣汰，将智力异化为少部分人剥削大部分人的剥削工具，而不是用于人类集体互助的创造性劳动，那么就是以智力异化的形式，在人类内部实行隐形的食物链法则，实现"人吃人"的目的，违背了人类道德伦理生存的根本进化原则。

第四节　意识的平衡性原理

一、食物链法则

自然界生态系统的基本法则就是食物链法则。所谓食物链法则，即自然界物种所必须遵守的基本生存规则。在这种生存规则之下，物种以自身的身体性状为基本条件，弱肉强食，优胜劣汰，即在不同物种之间发生激烈的竞食行为，在同一物种之间则发生为争夺繁衍交配权的激烈斗争。总之，这是物种必须遵循的基本生存规则。意识，是物种在食物链生存过程中所孕育诞生的，可以说，意识就是为了应对激烈生存竞争所产生的一种生存适应性工具，而意识的作用就在于通过其工具性的作用，达到与生存环境的一种平衡，是一种平衡性工具。我们观察一下自然界中的动物们，会发现它们或多或少地都处在不同的平衡状态之中，而且越是食物链的顶端，其动物物种的平衡态也就越高，如一只狮王可以信步徐行，而一只麋鹿可能就要随时担忧被猎食者盯上而表现地小心警惕，动物物种的这种心态跟他们的食物链等级以及掌握的生存资源是相应的。可以说正是由于意识平衡性工具，动物物种才能够在复杂的生存适应过程中一直生存下去，而食物链生存环境的存在，即生存压力的存在，注定了意识平衡性工具的存在，也就是说，食物链的生存环境是产生意识的必然结果。

二、"我"的起源与秘密

观察这样一个现象：一只刚出生的麋鹿，在母亲的帮助下，跟跟跄跄地爬起来走路。这个时候来了一只豺狼，小麋鹿不顾赢弱的身体，拼命地跑，拼命地跑……

或许大家不以为意，觉得这很正常，但是我想先问一个问题：这只小麋鹿是怎么认识这只豺狼的？它刚刚出生，如一张白纸。它有自我意识吗？

这就是我们要说的关于"我"的起源问题。毋庸置疑，小麋鹿刚刚来到这个世界，它根本不可能认识这只豺狼，但是如我们之前所说的，小麋鹿祖祖辈辈对豺狼的记忆已经内化到这些麋鹿的恐惧神经系统里面，并且作为遗传力量传给了小麋鹿，以确保它一出生不需要照面就能够知道来的是天敌还是朋友，这是祖辈留给小麋鹿的生存经验与智慧。那么问题来了，小麋鹿的自我意识是从什么时候产生的呢？是一出生之后就有了？还是被追逐的时候形成的，又或者某个瞬间才有的？关于"我"的来源问题，我们认为，"我"是食物链压迫状态下迅速形成的，其形成的速度跟食物链的压迫力成正比，即食物链压迫越大，"我"的形成速度越快，而处在相对安逸环境之中，则"我"形成的速度会相对较慢，如果像在母亲子宫的环境中，无压迫、无食物链冲突，那么就没有所谓的"我"。

"我"，即通常所说的自我意识，是生物进行适应性生存的工具系统，不仅人有自我意识，动物也有自我意识。我们先来看看动物的自我意识。传统心理学否认动物具有自我意识。对此，我们持不同的看法。如果我们仔细观察，会发现在大自然的食物链生存环境中，动物一旦出生，为了快速适应残酷险恶的生活环境，必须在最短的时间内形成自我意识工具系统，以快速地回答"我是谁""我在哪""我要做什么"的问题，因为面临着食物链的生死考验，每种动物必需在一出生的时候就知道自己的身份，知道自己的天敌，以及如何躲避天敌获得生存，这些都需要运用动物的自我意识工具系统及其带来的生存保全技能。

我们再来观察人类，可以说，人类从未停止过对自我意识的研究，甚至在有些高级的文化系统里面，已经直接或间接地触及了自我意识的秘密。从根本上说，"我"是人类进化过程中的一种成果，因为"我"的诞生，让人类能够快速应对周遭复杂的生存适应问题，通过"我"及"我的语言"，人类可以把那些伤害性的物种归纳为"我的敌人"、那些喜欢的归纳为"我的资源"等。可以发现，通过"我"这个自我意识的工具体系，人类跟自然系统之间实现了某种程度的平衡与和谐。试想一下，如果没有"我"，那么将无法对自然系统的各种信息进行归类整合，整个自然系统就是一个大的无知之物。如果真是这样的话，对每一个物种来说都是灭顶之灾，因为不知道什么时候，就有可能遭受到未知的伤害。

综合上述，"我"只是一种生存适应的工具，可以帮助物种快速形成对自然界食物链法则的认知，并从中得到生存适应，而作为实体性的"我"是不存在的，因为"我"的存在是一种矛盾、对立、冲突的压缩语境的错觉性存在，是一种受迫于生存压力之后的工具性显像。

三、人类母亲

正如上面所说，自我意识是物种适应性生存的工具系统，它服务于物种的平衡。对食物链顶端的动物来说，可以通过自我意识，达到食欲、性欲的满足，获得一种平衡；对食物链底端的动物来说，通过自我意识的趋利避害，可以逃过捕杀，获得安全感的一种平衡。

对于人类来说，自我意识的平衡原型来自于人类母亲。最初，我们在母亲的子宫里，一度衣食无忧、安全舒适，而这种来自生物学触受的感觉，成为我们刻骨铭心的本能记忆。等出生时，我们离开了曾经安全温暖的子宫，猛然间生存环境突变，尤其是能量循环与物质交换方式巨变，让婴儿产生种种痛苦与不适，因此激发和产生了食物链心理及各种相应的情志反应，为此必须通过学习人类语言及生存经验来平衡生存变化带来的痛苦和不适；离开子宫之后的婴儿，意味着离开了"家"的保护，营养供应、触受感觉等的变化让婴儿进入食物链的生存环境，所幸人类依靠建立一个符合道德伦理的家还原了人类母亲子宫安全温暖的生存环境，借此来平衡婴儿身心上的种种不适。可以说，人类道德伦理的家庭生存环境是一种性价比最高的生存模式，因为它可以让个体的生存状态，达到长期身心满足的平衡态，近似于子宫状态。

因此，不论是动物还是人类，每一种生存适应活动背后的原型就是要找回在母亲子宫里的安全、温暖、和谐、无冲突的平衡状态。这种本能性心理就是物种的"回家"心理，动物因为食物链的弱肉强食、优胜劣汰，得到的只能是短期的、暂时的平衡，注定无法"回家"；人类借助于家庭与语言工具，记忆大量的生存经验，可以淡然地面对和处理生存中的各种问题，因此可以保持长期的一种身心平衡的"回家"状态。

四、时空的意义

关于时间与空间的探索，自有人类以来，就不曾停止过。哲学家康德说，时间跟空间是人类的先验形式。所谓先验形式，简单说来，是指先于人类意识产生并且决定人类认知的一种模式。打个比方，就像是一个眼镜框一样，在你意识到之前已经存在，并且能够决定你看世界的方式。这是哲学家对时空的认知，现代宇宙学理论则认为在大爆炸之前并没有时间。

实则，时间与空间生物学上的机密尚未被人类所认知。在自然界的大系统之中，时间与空间的存在有着他们独特而又重要的意义，因为它们如同自我意识一样，是物种适应性生存的工具系统。何为时间，我们打个比方：一只老虎正在丛林里狩猎，忽然眼前闪过一只獐子，老虎小心翼翼，试图靠近獐子，捕杀猎食它。对老虎而言，这段 A 到 B 的捕猎心理感受、小心翼翼、深怕错失而觉得有些漫长的感觉就是老虎的时间；而对于獐子来说，它尚未意识到危险，因此心态平衡，优哉游哉，这样匀速平衡的感觉就是獐子的时间。如果按现在钟表的时间观来说，可能二者都是一分钟的时间。可实际对老虎来说，是长于一分钟的；对獐子来说，身心愉快，又可能少于一分钟。就好比我们通常的感觉如果身心愉快，会觉得时间过得非常快；如果身心痛苦，又会觉得时间过得度日如年，其中的道理就是如此，因为时间是主体适应性生存的平衡工具；再比如空间，以确定的形式，确认 A、B、C 等各要素位置，这实际上就是意识的定位识别功能，目的在于通过快速定位，以获取认知，达到意识的适应性平衡目的。所以，不论是时间还是空间，本质上仍然是意识平衡性的适应工具，目的是为了让生物主体能更快、更好地适应生存环境。

需要明白的一点是，空间和时间是矛盾几何体，只要存在矛盾或者不平衡，就必须借助时间和空间来承载。可以说，时间和空间是解决矛盾和不平衡所必须的工具性存在，没有矛盾和不平衡了，也就没有"我"了。这点从"我"的工具性本质中，我们也能推论一二。因为凡是有压力的地方，必定会有克服压力的适应性工具的存在，这个就是自我意识的工具性本质。而对自我意识而言，时间与空间是自我意识参照系坐标中的纵横两条大轴，有了时空也就有了方便定位的工具，是解决和克服矛盾的极有力工具，有助于个体迅速恢复平衡。

五、性格系统的平衡

性格体系，实质上也就是动物所共用的第一心理系统，它就是面对生存环境时的一种模式化和规律性的情志反应系统。动物的性格特征往往比较剧烈，因为它们经常处于食物链生死存亡的生存氛围之中。人跟动物的第一心理系统是一样的，即基本的情志反应系统是一样的，有喜、怒、忧、思、悲、恐、惊等，但人在道德伦理的家庭氛围及语言的影响下，预见性和逻辑判断能力大大加强，面对生存环境中的不适能够很快加以整合，从而形成无恐惧、安详、平衡的状态，性格体系趋于稳定。性格体系，换言之，就是物种的第一心理系统本能性心理体系，对人而言，一套文化生存经验模式，经过反复使用，由此形成模式化，成为习惯，我们称之为性格。这类同于动物的条件反射或非条件反射，由于长期性的使用，从而造成了神经系统的兴奋。性格体系越稳定、波动越小，说明物种的生存状态越佳。通常所说的性格决定命运，即情绪越稳定，运气越好。古人说：五行合者，一世无灾。中医情志医学中也讲到了身心一体的对应关系，这些都是在启发我们身心的平衡是拥有好命运的基础。

第二章
人类语言之谜

剶除了语言工具，人类与动物又有哪些不同呢？从根本上说，人是以语言为生的动物，语言丰富了人类，让人类有了与动物截然不同的生存机会。

在意识的本质性原理篇章中，我们发现意识作为人类适应性生存的记忆工具，其工具性功能的充分发挥，有赖于语言的丰富与发展。以人跟动物意识的区别为例，动物意识遵循虎斑纹的抽象记忆原理，通过抽象、压缩、分类、记忆等过程，获取对环境的适应性生存；人类意识一方面依然不能脱离动物虎斑纹抽象记忆的基本规律，另一方面，由于人类在固有的生理结构功能之外，丰富和发展了人类的语言工具系统，让人的意识突破了的固有生理条件制约，极大地解放了人类的生物内存，从而可以大量存储人类族群的生存经验。由于语言的丰富发展，人类在生存适应上，摆脱了动物短促、激烈的思维逻辑，演化为更富预见性，长期、平衡的思维逻辑。

不仅如此，从本质上说，人就是语言的动物，我们无往而不在种种"语境"之中。昔日，庄子与惠施观鱼濠梁之上，庄子见鱼说道：是鱼的乐趣呀。惠施说，你不是鱼，你怎么知道鱼之乐？庄子答曰：你非我，怎知我不知鱼之乐？惠施再辩：我不是你，固然不知你，你又不是鱼，你也不懂鱼的乐趣。最后庄子说道：从你问哪里知道开始，就已经默认我知道鱼之乐了。从上面的论辩中，我们发现，鱼有鱼的语境，庄子有庄子的语境，惠施有惠施的语境，人无往不在种种的语境中，并以此构建自己的生存适应模式。

试问，脱离了人类无数代生存经验遗传的语言及其语境，人又剩下什么？

第一节　语言与生存经验

语言是意识的载体，没有语言工具，人将不能称之为人。这里的根本原因在于，语言，作为意识的载体，从其根本意义上说，它是物种生存经验的记录工具。物种的进化，本质上就是一种记忆能力的进化。进化的核心，比拼的是记忆力。这点可以从自然界物种的"身体"上得到确证。不论是人类还是动物，身体是一种最直接可观的本能性语言，记录着各自的本能性生存经验，例如，猴子敏捷的身手是对其长期树生生活的记忆；豹子流线型的身躯是对其持久捕猎行为的记忆；鲸鱼硕大而自由的海底潜游躯体是对其长期海底生活的记忆。人类社会中各种不同生活状态的人，也是对其不同生存经验的一种记忆。有些人自信，是对其从小优越的环境、良好的教育的一种记忆；有些人表现的不自信、不乐观，是对其缺乏家庭关爱、缺失教育的一种记忆。所以说，身体是最诚实的一种语言，因为它记录物种的各种生存经验，正是这种生存经验的多少，决定了物种不同的进化模式，也决定了人类的进化方向。

所谓生存经验，是以物种的视、嗅、味、触、听、思等综合器官作用为基础的、物种适应生存的一种记忆能力和应对方法体系。也就是说，所谓的生存经验丰富，就意味着能够在适应性生存中记忆的更多，并且能够思考和解决更多的压力和困难。所以包括自我意识体系、意识、语言工具体系等。归根到底，都是为了解决生存与繁衍的困境而衍生的对生存经验的记忆工具。因为更多的生存经验意味着更多的生存机会，以及更优化的生存模式。对生存经验的记忆，动物跟人类在意识层面差别并不是很大，因为人类源动物世界，在生理结构及生物学记忆内存方面跟动物相差无几，并且人类跟动物一样，在生物学内存有限的前提下，遵循的都是虎斑纹的抽象记忆原理——这一动物普遍运用的记忆规律。由此我们也就明白了，语言对人的意义就在于它突破了动物只能够运用生物学内存进行虎斑纹抽象记忆的困境，以外置式语言工具让人类可以近乎无限地记忆生存记忆，一代一代地持续下去，人类才能够逐步进化……动物因为只能够进行生物学内存的记忆，所以能够记忆的生存经验是非常有限的，因此大多都是关于生死存亡的关键信息，这也就决定了动物的进化是朝着短促、即时的方向，而不像人类是朝着持久、有计划性的方向。根本上说，是因为生存经验的多少决定的，而语言恰恰是生存经验记忆的一个核心载体。

第二节　人是语言的动物

一、动物语言

所谓人是语言的动物，并不是否认人跟动物在本质的生理与心理层面机制的一致性，也并非否认动物具备意识与语言的功能，而是说，语言对于人类适应性生存有着不可替代的重要作用，从某种程度上来说，人正是通过语言成其为人。

　　让我们可以先来考察一下动物的语言。很多人否认动物具有语言，觉得只有人类社会中那些富有逻辑表达的语音体系才是语言，这是从根本上误解了语言的本质。实际上，语言是动物用来适应性生存的工具系统，诸如动物的躯体语言、那些人听不懂的咕咕叫，乃至各种生存的经验符号，都是语言。动物与生俱来的躯体构造，就是它们在无数代的生存适应中的语言表达，是动物的个体语言。试想一只长颈鹿，它独具特色的脖颈，不正是无数代生存竞争中保留下来的一种语言吗？其他如狮子锋利的爪子、豹子敏捷的躯干等等，它们用它们特有的形体结构表达了它们生存适应的成果与食物链体系中的地位，这是物种族群的先天遗传性语言。虎斑纹的认识机制原理也正是基于对动物形体语言的抽象与解读，一只兔子，哪怕它从来没有见过老虎，当他见到虎斑纹的时候，也会本能地撒腿就跑，因为兔子的祖辈们已经用血的代价解读了老虎的形体语言，并激发了对老虎恐惧的神经系统，因为它们生物学内存的限制，所以全像素的老虎形体语言被压缩成了虎斑纹这一既能代表危险的老虎，又能节省生物学内存的局部抽象性语言，这种语言是生存图像与语言符号的初级转化。

　　以上的动物个体语言是一种生物学记忆，它是动物为自身保存服务的语言体系，是一种具有初级抽象、压缩功能的语言。它只支持食物链层面的识别与沟通，并不能帮助物种内部成员进行复杂的协作与联合，更不能帮助物种形成复杂的生存适应活动。与动物个体语言相区别的是动物的集体性语言，它是动物用于内部交流与协作的高效的互助语言体系，可以分为动物的本能性抽象生物学抽象记忆和人所独有的外置式语言工具系统。我们先来看看动物本能性生物学抽象记忆的集体语言，首先它是每个物种内部的交流、沟通、协作、生存，因此不同物种之间有着各自不同的语言体系，不能相互识别；其次，它服务于物种的集体生存目的，如群居草食动物进化出实用性的预警语言，当草食动物集体觅食的时候，会有相应的分工与警戒，如果有天敌来犯，担任警戒的成员就会以该物种特有的集体语言进行示警，这种语言就是动物本能性生物学抽象记忆的集体语言。这种语言本质上就是我们在之前所一再提到的虎斑纹记忆规律的语言。群体成员以特定的叫声来压缩天敌来犯的全部信息。天敌来犯等实际的生存场景是一幅动态的生存图像。如果是全像素的进行生存图像的还原与告知，不仅效率极低，而且也会极大地占用争取生存的时间，这样将极其不利于物种的生存。为了实现物种快速、便捷地还原生存图像的目的，遂进化出了虎斑纹的抽象生物学记忆功能。在我们看来动物的那种咩咩、哇哇的叫声，实则蕴含着对复杂的生存信息的抽象压缩，而这种看似简单的叫声就是复杂生存信息的视觉逻辑性声波载体，它是对全像素生存图像的压缩和处理，以便物种可以借助这种便捷语言获得适应性生存。动物预警语言，由 A 预警成员发出咩咩声，到全体成员迅速理解，可以说，其是由现实危险性的视（触）觉图像信息转为为公共语言的一个过程，即一种图语的转化过程。这样一个过程是动物以它们特有、薄弱的语言中枢神经系统为基础，通过数字化视（触）信息的抽象压缩与处理，从而抽象出最符合生存利益的核心信息，并以图语转化的形式，快速还原为集体性的语言。

二、人类语言

动物本能性生物学抽象记忆的集体语言，其记忆容量的大小主要依赖于生物本能记忆存储器官，即动物大脑中薄弱的语言中枢神经系统，最大的不足就是存储容量的有限。面对纷繁复杂的生存信息，动物在进行基本的天敌、食物、资源等分类的时候，只能进行最核心的抽象记忆，以节省有限的记忆存储容量。与动物只依赖于内置的生物学记忆内存进行抽象记忆不同的是，人类进化出了具有复杂结构的语言中枢神经系统，丰富和发展了可以外置的语言工具体系。人类在未学习语言工具之前，对外界客观信息的处理反应，与动物无异，都是将外界信息进行天敌、食物、资源等的基本分类，并且以动物的虎斑纹抽象记忆规律进行记忆，以节省生物内存，增强生存适应。如果说虎斑纹抽象记忆功能是动物适应性生存所发展出来的初级图语抽象转化功能，那么语言就是人类在独特的适应性生存环境中发展出来的高级图语抽象转化功能。人类以抽象能力更高的外置式语言工具系统进行记忆，使记忆容量更多，记忆效率更高。因为语言体系是对实际生存场景的分类记忆，因此每一句话的背后都是相对应的生存场景，以及对应的喜怒哀乐等情志反应，及由情志系统所驱动的趋利避害的生存适应活动。可以说，语言的丰富与发展极大地改变了人类的生存适应模式，让人走出了食物链的窘迫生存困境，真正成为人。

第三节　自然法则与人类互助

一、集体进化

物种进化恒常遵守的一条法则是，只有符合集体利益的生物优势，才能得到进化与传承；凡是不符合物种集体利益的个体生物优势，不能得到进化。以蚁群为例，作为一种群居的动物，蚁群内部分工严密，既有专职负责生产的蚁后，负责配育的雄蚁，也有负责觅食、运输、清扫的工蚁等，从体型及各方面结构功能来说，蚁后跟雄蚁都要优于工蚁，但是它们的这种生物优势并不是服务于自身私利的进化产物，而恰恰是服务于物种内部的集体进化。可以说，生物进化进程从始至终都是一种目的明显的集体性和选择性的进化过程，即生物进化的方向是由集体性的自然选择决定的，最终的目的是为了该物种能够最大限度地获取生存资源与生存空间。只有通过集体进化的方式，生物优势才能得以传递，从而一代比一代强，获得更好的生存能力，单独的个体的优势与结构功能是服务于集体进化的。如果违背了集体进化的原则，那么个体优势就无法转化为集体的遗传优势。每一个能够存活至今的物种，都是在大自然集体进化选择的过程中优胜劣汰的结果，并由此形成了各物种特有的与食物链结构相匹配的生理结构与心理特征，如老虎锋利的爪子、豹子敏捷的身躯等，可以说，生物的身体结构与功能，是对其进化成就的一种记忆。

语言的丰富与发展无疑遵守着集体进化的法则，可以说语言是人类集体进化的一种自然产物。对于一个人或动物物种的每一个单个个体而言，语言是没有意义的，因为单个的个体无须集体性的语言，而语言的诞生是因为大自然遵守着集体进化的原则，为了符合群体最优生存，语言成为必要的生存工具。语言作为意识的外化工具体系，跟意识一样，都服务于物种的生存目的。

二、人类互助

语言的产生，如上所述，是大自然集体进化的一种自然选择。对人类来说，具有高度抽象的语言功能，源于人类独特的互助社会生活模式，也就是人类独有的集体复杂互助的生存经验。

关于语言的产生，有的学者认为是从前人类质变到人类之后才有的心理功能产物，即语言是到原始人类这个阶段才有的心理功能产物；也有的学者认为语言的形成是人类社会阶段从无到有的演变渐进过程；更有的学者认为，语言是人类在劳动时到了不得不说时候的产物。这些似是而非的说法，一度混淆视听。试问，如果真是到了非说不可才能说出来的话，狮王当着母狮杀死了非亲生的幼狮时，母狮是不是该痛得不得不说了？这个世间还有什么比自己的亲生孩子死在自己面前更加痛苦呢？爱子是几乎所有生物的本性，但母狮并没有因此开口讲话。

之所以对语言的产生不能给出一个科学合理的解释，原因就在于忽略了前人类语言的产生是原始人类语言产生的前提与基础这一最为基本的事实。前人类语言或许等同于动物语言的语音进化阶段，由于这个阶段相关资料与凭证的缺失，使得对动物语言向人类语言的进化过程陷入到一种混乱的想象与推论之中。为了摸清语言的来龙去脉，那种极力撇清动物语言与人类语言相关联的做法行不通。

动物语言分个体性语言与集体性语言，个体性语言是动物的形体语言，其中蕴含的生存逻辑较为简单，主要是让动物识别自己在食物链中的生存地位，适用于动物趋吉避凶的生存行为；集体性语言则蕴含着较为复杂的生存逻辑，它是集体意愿和需求的载体，符合物种的集体利益，能够被普遍记忆与传递，如动物的预警语言等。由于动物的自私自利，动物并不擅长集体语言，更多的是靠视、听、触、嗅等形体语言来进行生存适应。动物注定自私自利，在弱肉强食、优胜劣汰的食物链适者生存的环境中，只有那些身体最强壮、能力最强的个体才能通过物种内部的繁殖竞争，获得交配权，把最强壮的基因延续下去。试想一只体弱多病的狮子哪怕能够通过狮群的交配权竞争，其后代的身体素质也无法躲过自然的淘汰，依旧无法存续。自然法则和生存规律并不同情弱者，因为同情弱者同时意味着整个族群整体素质的降低，族群的生存风险将因此大大增加。因此，动物形体语言极其发达而集体语言则未得到丰富。

人类与动物截然不同，动物注定自私自利，而人类注定需要互助。

与动物自私自利的生存进化模式不同的是，人类在生存进化过程中选择了独具特色的集体互助的生存模式。人类的集体性语言进化也正是得益于集体互助的伦理生存模式。首先，是家庭伦理生活的建立，由一男一女组建家庭，并且生育下一代，由二而三，遵循着一夫一妻、夫妻共同照顾下一代、尊老爱幼等伦理生存原则。在这样一种集体性生存氛围里面，人类的语言工具得到了极大的进化。由一夫一妻组建的家庭，一方面避免了人类物种内部的竞争，另一方面极大地提高了家庭内部的稳定性，使那些经验丰富、年纪老迈的老者能够得到反哺与经验的传承，使语言的内涵更加丰富和完善。在动物世界，那些活得久、经验丰富的老动物存活率往往很低，因为它们每天要操心自己的生存问题，大都是老无所依、老无所养，即便有什么生存经验和语言心得，也来不及传授。

动物世界的老动物最终都会被弱肉强食与优胜劣汰的食物链生存模式所淘汰，集体性语言也无法得以继续进化。食物链是短逻辑的生存模式，注重当下的生死抉择，为了更好地适应生存，动物们会进化出更加适合奔跑的四肢而不是进化出运用于支持复杂伦理生活的高级语言中枢神经系统。如果人类内部也是过着弱肉强食的食物链生活，人与人之间相互排斥、自私自利，那么人类的语言就不可能丰富起来。因为语言是记录、存储人类彼此互动的生存经验工具，是相互传承集体性生存互助经验的载体。简单说来，人类语言是集体的、道德和爱的工具载体，而不是自私自利、个体优势生存的工具。离开了集体性、互助性的伦理生活环境，人类语言也就不复存在。

三、伦理生存

人类语言是一种集体的、互助的、伦理性生存的产物。它不仅是一种集体互联的工具，同时也承载了集体性的生存经验，并且蕴含着物种实际的生存法则。

第一，语言是集体互联的一种工具。人是以群为生存单位的动物，离开了群，人将一无是处，一无所有。很难想象凭借着个人力量，人可以如现在这般的逍遥于自然法则之外。我们也可以说，语言是人类群体的创造性文化成果。语言是源于群、用于群，是一种集体性的互联、互助工具。我们可以观察一下现实社会的各个行业、各个部门，以及我们家庭内部的各个成员之间的各种分工，无不是一种集体性的生产生活。

而在这样一种复杂的生产生活中，如果没有了具有高度抽象便捷的语言工具的辅助作用，我们可能连最小的一件事情都做不好，更谈不到人类的进化。如果在我们的家庭内部，我们是以动物的语言体系来进行交流，吃饭的时候"咕"一声，睡觉的时候再"咕"一声，生气的时候"咕咕"两声等等，我们可以知道"咕咕"的基本变化形式是有限的，家庭中的各种交流势必会因此受到限制。为了打破这种限制，家庭中那些长者，那些熟练运用"咕咕"语言体系的经验丰富者，势必会总结和创造出另外一种更新、更便捷、更富有效率的语言体系，这或许可以看作前语言向现代语言转化的一种集体性创造过程。在这个过程中，不论是前语言，还是现代语言，都是用于集体生存互联的一种工具，只是彼此之间的抽象程度和实际运用效率有着天地之别，得益于人类独有的互助生存，人类才得以从简单的前语言进化为更富效率的现代语言，而学习语言的过程，实际上也就是融入集体性互助生存模式的过程。

第二，语言是集体性生存经验的载体。语言所承载的，是来自于始祖的生存经验。在人类的进化史上，曾经有过数百万年的原始共产主义的伦理生存事实。在这样一种生存模式中，财产公有，人与人平等互助，分工合作，家庭内部实行公平分配，社会人人友爱向善，共同抵御来自大自然的风险。这样一种漫长的人类进化事实，富含了先辈们宝贵的生存经验积累。如果人类没有进化出具有高度抽象的语言体系的话，那么人类只能像动物一样，通过生物遗传的形式，把对生存的本能性情志反应遗传给下一代。由于动物生物学记忆空间容量的有限，动物本能性情志反应系统只能够对有限的生存经验进行分类、总结、反应，如虎斑纹记忆一般，虽然高效，但是容量有效，不能支持动物进行生存经验的快速、大量积累，从而它们只能一代又一代的重复过去的生存模式，很难通过量的积累达到质的变化的阶段。人类语言是在动物虎斑纹抽象记忆原理的基础上发展出来的外置式抽象语言系统，完全解放了生物学内存不足的困境，使人类能够以高度抽象便捷的形式，将先祖伦理生存的经验一代又一代的保存下去，哪怕人类个体因为自然或人为原因消亡，后代也可以通过语言学习的方式，重现先祖的经验，以指导和帮助人类更好的生存适应。此外，我们在使用先辈遗留下来的语言工具时，不但能够分享前人的生存经验，同时也会自觉不自觉地被语言中所蕴含的伦理生存的道德惩戒机制所制约。因为语言是人类社会复杂的伦理生存经验的工具载体，是一种共性道德经验的承载体，只有遵循其中的生存逻辑，才能有相对较好的生存状态。

第三，语言中蕴含着实际的生存法则。语言是对实际生存场景图像的一种数字编码转化，是以便捷的方式存储的生存经验集合。不论是动物还是人类，语言中都蕴含着实际的生存法则。动物语言的生存法则体现在动物本能性情志反应系统。人类和动物都有本能性心理。所谓动物的本能性心理，实质上是每一个物种对适合于自己的生存法则所进行的本能性抽象认识和心理记忆，也可以说是该物种顺应食物链法则进行趋利避害最适宜的生存实践经验的记忆反应。动物的本能性心理体现一种趋利避害与生存自保的因果关系。我们以食物链的各种动物为例，通过观察我们发现，哪怕是刚出生的羚羊，它也知道要逃避豺狼虎豹的追击，而哪怕是再小的豺狼虎豹也晓得羚羊是它们的盘中餐。食物链各个层级之间的相互认识、识别就是动物本能性心理的情志反应系统在发挥作用。我们知道动物的认知遵循的是虎斑纹的抽象记忆原理，所以各个层级的动物会将它们所碰到的生存场景进行抽象、分类、压缩、记忆。而漫长的生存场景刺激记忆，不但进化了动物迅捷的四肢，更让动物发展出特定的神经系统，如羚羊由于长期对豺狼虎豹的恐惧而一见到豺狼虎豹就会激活它们已经发达起来的恐惧神经系统，促使其趋利避害；肉食动物由于长期食用羚羊，在它们眼里，羚羊就被划分为食物，一见到羚羊，它们的吞食神经系统就会被激活，从而发出指令，以有力的四肢驱动它们捕杀羚羊。动物的这种本能心理情志反应系统能够让各个物种都明白它们在食物链的生存地位，所有动物的本能心理情志系统构成了完整的自然生态系统以及食物链心理。在自然系统中，动物们用本能性心理驱动实际的生存行为，以维护自然的平衡，所以不论是吃与被吃，在食物链的总体生态里面，始终保持着一种平衡状态。

那么，对于人类来说，是否也如动物的本能性心理一样，受到食物链生存的遗传性心理影响，而呈现出赤裸裸的吃与被吃关系呢？毋庸置疑，人类源出于动物界，"食色性也"的本质并没有得到根本的改变，但由于人类选择了伦理生存的进化模式以及体现伦理生存经验的语言载体作用，从而实现了对食物链心理的一种突破和转化。这样一个过程，实际就是从兽到人的一个过程。

四、驯兽原理

语言中蕴含的生存法则，对动物而言是食物链的生存法则，对人而言是伦理生存的法则。语言对人类本能性心理结构的塑造，实质是一个驯兽的过程。

最先要清楚的是，人与动物在食色层面的本能性情绪反应系统上面是一样的，即在生存与繁衍的基本需求方面，人跟所有的动物都一样，因此人也具有动物的本能性心理。如上面所述，动物注定是要自私自利的，因为食物链的生存模式，注定了动物个体必须朝着更强壮、更有能力的方向进化，如果动物不自私的话，它注定无法在食物链生存下去。所谓人也具有动物的本能性心理，说的就是这层意思，即为了生物个体的保存，人也会自私自利、攻击、恐惧等，这是食物链自私自利生存模式下的一种必然心理投射。但人类走出了食物链的自私自利的生存模式，选择了集体互助的伦理生存模式，人类始祖更有着数百万年的原始共产主义生活实践，在这种漫长的伦理生存模式下，人类在动物本能性心理的基础上，又形成了人类所特有的伦理道德的生存本能，即在本能层面形成了对伦理道德象征生活场景的敏感舒适与向往之情，一旦违背了伦理道德，则会在身心层面受到相应的惩罚，如感到不快乐、郁郁寡欢、身体糟糕等。这是由于数百万年的伦理生活实践已经将伦理的根本精神深深地内化到了人的生物机体机制上，道德的行为会激活人内在的愉快中枢神经，让人感觉心旷神怡、心情舒畅；不道德的行为则会使人体神经系统内部出现抑制性反应，感到内疚沮丧、心情抑郁等。当然人类本能性心理和道德本能心理是需要相关场景与图像的刺激与激活的，即食物链层面语言的刺激会让人朝向动物心理与行为进化，而人类伦理生存环境与语言的刺激会让人朝着道德本能的正常人进化。

接下来，我们以婴儿心理机制形成原理来看一看驯兽的全过程。人类婴儿时期，在未掌握语言的时候，本能性心理与道德本能心理都是以潜在的形式存在着，这个时候我们不妨假设情境 A、情境 B 两个情境：情境 A，婴儿在一个有着伦理互助的人类家庭内部长大，并且学习人类的语言；情境 B，婴儿被父母遗弃，并且被一只好心的狼叼走并抚养长大。在情境 A 中，人类父母会以相关的生存资源对婴儿进行相应的奖惩训练，如鼓励其讲人类的语言，鼓励其进行互助的行为，凡是符合人类集体利益的言行都给予相应的奖励，反之给予相应的惩罚。这样婴儿就会被迫去适应人类伦理道德的生存模式与互助互联的生存环境，本能心理层面自私自利的自我保存本能则会被惩罚机制抑制，从而逐渐脱离食物链的心理而激活伦理道德的本能性心理，婴儿个体心理中自私自利、孤独、攻击、恐惧心理，和与之相关的错误生存行为的自私自利生存模式，会被无私、自信、无惧、责任感心理及集体性联系与互助的生存行为模式所转化。在情境 B 中，狼妈妈能够教给人类婴儿的只能是以更完善的动物本能适应食物链的生存，通过动物的生存经验与生活方式，以动物的语言，让人类婴儿做一个更强壮的"狼"孩。

因此，学习语言与运用语言的过程，实质上就是一个驯化遗传所致的食物链心理的过程。这里所指的语言是具有人类高度抽象功能的语言，而不是动物的本能性语言。因为语言从本质上说就是对实际生存场景的图像压缩，动物语言是对动物食物链生存场景的抽象，其特征是抽象程度低，且是一种自我生存自保语言；人类语言是对人类伦理生存场景的一种抽象，特征是抽象程度高，且蕴含道德伦理的集体互助精神。婴儿通过接收生存环境图像、行为态度语言等刺激、激发正在高速成长的神经系统，以便自身的神经系统朝着有利于"人类世界"顺利生存的结构与功能方向发育。此外，家庭中特有的一夫一妻、尊老反哺等伦理生存方式，让婴儿能在父母的潜移默化影响之下，认知到"人类的世界观和方法论"。总之，通过人的语言工具系统及其所表征的人类伦理生存的实际场景，刺激、恢复和激活人类始祖遗留下来的道德记忆痕迹，实现人类由动物的本能性自私自利心理向集体互助的道德本能心理转化。

语言及其所表征的伦理生活场景使人类摆脱了食物链生存的困境，从而能够走出动物世界，而语言之所以能够表征伦理生活场景就在于其高度的抽象压缩性，那么语言高度抽象压缩的原理和秘密又是什么呢？

第四节　语言的数字化原理

人类语言高度抽象性的秘密就在于它是一种高数字化的抽象压缩过程。所谓数字化就是将许多复杂多变的信息转变为可以度量的数据，再以这些数据建立起数字化模型，以便于快速地认识、识别、反应。

一、人脑的数字化工作机制

在人类日常生产生活中，时常要面临巨量的信息，以及对这些信息做出快速应对的举措。如果我们遵循一一记忆的原则，那么光是记忆日常生活就已经算的上一种沉重的负担了，但实际情况却并非如此。我们不仅能够从海量的日常信息中抓住核心，而且能够进行快速反应，如我们能在茫茫人海中发现一个熟人的面孔；我们能在琳琅满目的商场迅速找到自己的所好；但是如果让我们仔细辨认，我们又陷入细节不清的困惑。之所以如此的原因在于人脑的特殊作用机制：人脑遵循本能性趋利避害的记忆方式来处理日常生活信息，那么无关紧要的信息会被自动过滤掉。这种机制的原因在于人类大脑功能与结构和计算机比较类似，有着数据内存大小的限制，为了快速提取生存信息，从而迫使人类大脑做出如此的反应识别。

事实上，人脑的这种工作机制已经得到现代科学的证实。现代科学证实，人类大脑一直在从吸收、处理、跟踪、监察、评价周围世界中获得信息，但人类 100 万亿个大脑细胞所产生的大多数信息却从未被人类个体所完全接收。相反，大脑仅凭借获得的少量粗糙信息而创造了人类赖以为生的精神世界的模型。在生活中的巨量信息，只有极少量的感官信息能够真正抵达大脑的中枢处理区域，因为在视觉信息从眼睛传向视觉皮层的过程中，信息强度会大幅衰减。据研究，在生活中，每秒约有上百万比特的信息抵达视网膜，但与之相连的视觉输出神经连接却只有 100 万个，每秒钟视网膜传向大脑的信息只有 600 万比特，最终能到达视觉皮层的信息只有 1 万比特，经过进一步处理，视觉信息才能进入负责产生意识知觉的脑区。令人惊讶的是，最终形成意识知觉的信息每秒钟不足 100 比特，如此少的信息量显然不大可能形成知觉。毫无疑问，固定存在的大脑神经活动必定在此过程中发挥了某种作用。

综上，我们可以做出如下推测：人类意识活动的过程，实质上就是人类个体借助中间媒介——语言工具对客观存在或者环境作用信息进行数字化处理的过程。这个过程借助语音工具来简化和降低客观环境信息和生存信息中的像素（语音保真度），之所以要降低像素（语音保真度），是因为我们在趋利避害的生存适应判断中，没有必要采集太复杂详尽的信息，只需获取该信息的核心特征即可。人与动物一样，由于自身生物学内存的有限性，为了记忆更多的与自己个体生存利益相关的信息，生物在进化过程中，不自觉地进化出了降低像素（语音保真度）的方法。由于生物硬盘内存过小的缘故，需要借助体外的语言与文字工具来进行相关抽象记忆，如象形文字。当我们记住简单象形文字——本身就是一种抽象与压缩力极强的工具体系——的同时，其所蕴含的信息也被我们记住了。借助这种简明扼要的抽象式记忆方式和压缩简化方式来进行相关生存信息的采集，将更加有助于生物进行相关生存经验的记忆和相应生存实践的反映。

二、语言的数字化符号功能

语言的数字化符号功能就在于通过抽象性极高的语言符号，来表征实际的生存场景，以增强生存的适应性。以象形文字的语言符号为例，我们假设老虎的写真全景照需要 600M 的内存损耗，动物虎斑纹的抽象记忆需要顺便 60M 的内存，而人类通过发明"虎"的象形符号文字，只需要 6K 内存。虎的象形符号＜虎斑纹记忆＜全像素虎，在这样的内存序列上面，数字化符号功能无疑具有最优的生物学内存节省功能。当然这种数字化符号功能其实普遍存在于动物的意识活动之中，如动物的虎斑纹记忆，那些哪怕没有见过老虎的动物，都能通过虎斑纹这一具有核心特征的符号，从而获得生存上的适应，只是人类在虎斑纹记忆功能之上，以数字化抽象程度更高、外置式的语言工具，进一步升级了语言系统，可以说，人类的语言是一种基于动物本能性视觉感触及语音逻辑性基础之上的升级版的数字化信息处理符号工具。

与此同时，为了支持这种数字化的高效的记忆方式，人类的脑组织会为此进化出支持高像素图像与语言和文字符号之间进行互译的组织功能系统，或者说是为了进化出一种对于图文或者图语具有互译支持功能的神经系统功能组织——语言中枢神经系统。事实上，这种图文互译功能并非人类的独有和专属，甚至一切生物都具有图像和符号之间进行相互转换的本能性生物机制存在，不过人类的语言中枢神经系统的进化程度要远高于动物。人类与动物脑神经系统之间存在着诸多结构与功能差异，都与支持外置式语言工具的使用有关。其中，象形文字的出现与人类大脑的相关组织功能进化密切相关，即人类发明语言的目的就是为了高效率地降低实际生存信息的像素，以便人类个体能够高效与充分地记忆更多生存经验。人类大脑的功能组织结构顺应人类这种独特的进化方式，使外置式的语言工具与人类的图文图语互译功能之间能够进行完美的衔接。这样即使人类本身的生物学内存容量已经定型，但外置式语言工具却可以有效地帮助人类挖掘记忆潜力，所以人类所能够认识的生存空间、领域与生存资源要远比动物们广阔与丰富。

三、虎斑纹的数字化原理

我们知道意识是一种物种适应性生存的记忆工具，为了更好地完成物种生存与繁衍的目的，物种的意识也在不断地进化完善之中。对动物而言，就是完善出了虎斑纹的抽象记忆能力；对人而言，则是完善出来外置式的语言工具。虽然成效不同，二者都有力地推动了动物与人的进化，而它们的根本性原理，就在于意识的数字化功能。

虎斑纹的实质是以数字化形式呈现的生物痕迹性记忆。如我们在意识篇中所论述的，动物具有虎斑纹的抽象记忆能力，能够凭借快速记忆的形式，迅速识别天敌，获得生存的主动权。在上面论述的基础上，我们想再一次强调和说明的是，虎斑纹抽象记忆在实质上，是以数字化抽象形式呈现的一种生物学痕迹记忆。比如，食物链底端的草食动物看到全像素的老虎，对该动物而言，它必须要能够读懂大自然的语言，即在它所处的自然环境（食物链）层级中，它必须要迅速地识别它的食物、天敌、生存资源、繁殖对象等，并能在食物链中定位自己，明白哪些是它可以做的，哪些是它不可以做的。如此，它才能够在纷纷复杂的食物链中谋得生存的资本，否则只能成为食物链顶端动物的爪下亡魂。要解读大自然（食物链）语言，它首先要迅速形成了自身的自我意识，以自我意识为基点，又形成了它们独特的时空概念，这样它们就可以把大自然（食物链）当作一个生存的参照系。在这个参照系里面，它对生存资源与天敌们进行了数字化的编码。数字化的第一步骤就是图像化，即它们通过自身的视觉、触觉、嗅觉、听觉等综合器官功能把生存环境图像化；其次是对这些图像进行分类，以麋鹿为例，它会将老虎视为天敌，将草地归为食物，将母鹿归为繁殖对象等，这个过程就是类别化；再次是在图像化、类别化的基础上进行抽象压缩，对全像素的图像进行核心特征的压缩，我们可以称这个过程为特征化，源于动物生物学记忆内存容量的有限性，为了记忆更多的有益生存信息，它们必须对全像素的信息进行抽象再抽象、压缩再压缩，而动物生存图像特征化的一个主要成果就是形成了"虎斑纹"警戒语言，即将天敌象征中全像素的老虎，抽象出其最主要的条纹特征，以对这种条纹的记忆来大大降低全像素记忆的内存损耗，加速识别反应时间，获得生存机会；最后是本能化，以第一代的麋鹿为例，它们拥有数字化的抽象记忆功能，它们在见到老虎的虎斑纹时候会快速做出反应，以至于在它们一生无数次的生存活动中，不断重复记忆着虎斑纹。长期的生理记忆会以痕迹性记忆的形式，将第一代麋鹿的虎斑纹恐惧传承给第二代、第三代……，在这样的传送过程中，麋鹿的生理结构也发生了相应的进化，如大脑神经系统形成了特定的兴奋活跃区域，以特定的回路形式或痕迹性记忆形式对虎斑纹进行快速记忆，由第一代见到老虎，再进行抽象记忆的条件反射，进过无数代的条件反射已然内化为非条件反射的本能性心理反应，以至于后代只要一见到抽象的虎斑纹就能够快速做出反应，因为我们知道条件反射跟非条件反射只是刺激程度与深度的区别，经过无数代的生存实践，虎斑纹的数字化抽象记忆已经成为动物第一心理系统的本能记忆，与动物的恐惧中枢神经系统直接关联了。

所以，虎斑纹的数字化原理就是一个图像化、类别化、特征化、本能化的一个记忆过程。人类语言同样遵循虎斑纹数字化记忆的原理，只是它是以另外一种外置式的高效抽象压缩形式对生存信息进行抽象简化，外置式的语言工具解放了人类生物学记忆内存的限制，使人类智力大大超越了动物，但在基本的思维方式上，人跟动物并没有根本性的区别。

四、色彩促进记忆

人类与动物一样，都是通过数字化视觉感触信息的抽象压缩与处理来记忆生活中纷繁复杂的生存经验。在漫长的进化过程中，为了增强记忆力，生物们进化出了种种手段和方式。色彩就是人类与动物为提高记忆力而进化出来的高效记忆辅助工具。

色彩的引入，可以使记忆存储的内涵更加丰富与深刻。例如，生物可以利用色彩的差异来对自然界进行更多的分类识别记忆。如果生物对生存环境、天敌、食物等食物链环节的因素仅是进行黑白分类，那么这种分类法就会很模糊与轮廓。我们不难想象，对于记忆仅是黑白两色和图案线条与形式复杂的像素所构成的自然生存环境，将极其消耗生物的生物学记忆内存，而将色彩引入生物的记忆识别运用领域，则会产生相同的"图案"有了与多种色彩进行对比组合的记忆识别效果。例如，一匹白马图像，在其像素数量与其外观形象的线条形式固定与模式化的情况下，只要变换一下色彩，就能够表达和记忆更多的相关信息，如一匹黑马，一匹棕色的马，一匹红色的马，甚至一匹奔跑的白马，一匹低头吃草的黑马等。

因此，色彩可以帮助生物在生存适应的记忆中减少生物学记忆内存的内耗。从某种角度说，色彩相当于生物进行自我意识分化时，对于客观生存环境进行生存适应记忆的分类工具之一，目的就在于提高记忆的效率，增强生存适应性。

第五节　语言的功能

在之前的篇章，我们讨论了人与语言的关系、语言的来源、语言的机制等关键性问题。接下来，我们需要进一步了解语言的意义问题，即语言对人而言有何种功能？我们将之归纳为五点，即语言增强了人的预见性、计划性、自信心、创造性和平衡性，大大发展了人类的智力，让人类取得了加速度的进化。

一、增强人的预见性

语言让人类远视。在自然界中，哪个物种越远视，其生存能力越强；越短视，其生存能力越弱。我们不妨来对比一下整个食物链动物的生存状态，只要稍微留心就能发现，那些处于食物链底端的动物每日担惊受怕、战战兢兢，而那些处于食物链顶端的动物则心态相对平和、气定神闲，原因就在于食物链顶端动物相对而言，拥有更发达的思维能力和视野，而在所有动物种类中，无疑人的思维能力最发达。人类借助外置式语言工具，存储了大量集体性的生存经验，这些庞大的人类生存经验记忆库为人类生存与分析复杂、长远的因果关系场景提供了极大的便利，极大提高了人的预见性，从而获得高瞻远瞩的生存能力。

反观动物世界，它们也具有一定的逻辑推理能力，但是这是在食物链生存法则下的生存逻辑，并且这种生存逻辑是通过本能性生存经验的形式体现，它的主要功能就是适应食物链的生存与趋利避害。所以动物一出生，其生存能力就基本上已经被食物链法则所限定，通过生物遗传，它们知道自己在食物链的地位，以及对天敌的闪避等。正因为他们主要依靠弱肉强食和优胜劣汰的方式来进行相关生存经验的传递，他们的生理、形体、脑神经系统都是适应食物链生存法则与环境的进化产物，由于只能依靠生物学记忆的形式来存储生存经验，所以它们习得最简单的食物链本能性生存经验，而不像人类因为有了外置式语言工具的帮助，发展出长逻辑、复杂的生存适应能力和极高的预见性。

语言大大提高人类预见性的原因就在于语言作为人类的生存工具，它是人类特有的生存场景的抽象压缩形式。这也就意味着，学习和掌握语言，并非单单是学会说话这么简单。它实际上包含着更深刻的内涵，即每学习一个单词，就意味着掌握了一段生存经验和融入先辈的生存实践之中。假若我们把单词比作是一段时空的简单场景体现，那么一句话的内容就可以理解成，一个由无数个简单场景叠加形成且蕴含因果关系的复杂生存场景。由于有了叠加的时间段和时空感，因此可以形成逻辑与推理性更加复杂的生存场景，以便于人类个体进行预见性的生存适应和利益取舍。我们来看看人、走动、进入、房子这四个单词，其中每个单词都蕴含着一个生存场景。如果将四个单词串连成句，形成"人走动且进入了房子"这句话，那么这句话中就蕴含了具有前因后果、前后连贯的逻辑性动态生存场景关系。人类语言就是通过每一个简单的符号系统对这样一种复杂的生存场景的抽象。人在学习语言的过程中，也适应了其中复杂的生存场景，因此能够借助语言工具实现生存适应过程中复杂长远的预见性。

二、增强人的计划性

人类因为语言工具增强了生存的预见性，同时也开始了人类独有的有计划性和设计性的生产生活模式，并且由于人类采取了有计划性的生产生活，而大大加速了人类的进化进程。

对动物来说，生存方面更多的是被动适应，很少主动、有计划地去规划生存模式。它们漫长进化进程中所取得的成就，更多的是对弱肉强食、优胜劣汰食物链生存的一种被动适应。那些适应不良的，通过自然淘汰的形式永远地消失在物种进化的征途中，留下的是物种进化中取得的种种成就。以猴子掌握卓越攀爬技能为例，猴子的祖辈在攀爬中获取了生存上的福利，避免了强大地面物种的袭击，获得了生存的基本权利。那些攀爬技能不佳的猴子，因为天敌的袭击、食物的匮乏，以及自然淘汰等原因，最终被擅长攀爬的猴子所取代。猴子能够快速攀缘的功能是经过几万年的物种间弱肉强食和物种内优胜劣汰的自然选择生存竞争取得的。猴子用形体和神经系统活动回路模式记忆了生存经验：首先，它用形体记忆了擅长攀援的形象；其次，它的神经系统活动回路模式记忆了其在山林之中如何趋利避害。物种的适应性生存经验是靠强烈的条件反射刺激才能够形成，尤其是形体记忆，并且这种生存经验只能够靠遗传来进行传递，并且要经过几万年。

与动物大大不同的是，人类如果想要学习猴子敏捷的攀爬技能，只要通过有计划地训练，在短期内就能达到接近猴子的效果；如果持之以恒，更可以以十数年的训练达到猴子几万年的进化成果。因为我们人类通过语言的积累和学习，即运用足够的内存储存训练方法，可以在较短的时间内，用运动方式强行制造相应的条件反射机制对当事人的形体进行强烈塑型，例如让双臂粗壮有力，以适应于攀爬跳跃的生存状态；让自身的脑神经活动回路模式形成，以适应于森林生活的兴奋模式或者条件反射机制。与动物的被动适应相比，人类可以通过语言存储大量生存经验，有计划地去学习各种生存实践，如模仿鸟类飞行、鱼类游行等，甚至种种的发明，无不是因人类言语丰富、计划性增强带来的相应进步。可以说，语言就是人类的翅膀，让人在进化的征途中飞跃式发展。

三、增强人的自信心

食物链生存状态下的动物，会因其所处的食物链地位不同而呈现出不同的自信状态，越在食物链顶端，自信程度越高。但总的来说，动物由于生物学记忆内存的限制，不能够获得较多相关的生产劳动经验，也记不住较长时空段的生存场景，更无法对未来的生存场景与结果进行久远的预见与规划。所以，动物的心理就会因为天敌可能随时出现，以及食物的可能缺失而呈现出时时刻刻惊恐不安的状态，草食动物尤为明显。因为它们无法进行长远的预见，不能够根据具体情况进行复杂的逻辑推理，因此在先天层面上，它们注定缺乏安全感和自信心，不论是哪个层级的动物，都很容易就受到惊吓。

人类借助语言工具使自己的思维活动拥有较长时空段的逻辑推理与观察能力，这就使人类能够在可预见的时间段内进行相应计划性生产劳动或者相关趋利避害的生存实践行为。在这个可预见的时间段内，人类个体的生存状态和心理状态可以在一定的时间段内达到一种无天敌威胁、无生存资源缺失的自信平稳心理活动状态。相对于动物惶恐不安的食物链心理状态，我们称之为人类的安全感和自信心，即人类的安全感和自信心可以通过计划性的劳动生产活动，以及伦理道德的生存环境与条件获得。

所以，拥有安全感和自信心也是人类物种拥有持久性良好生存状态与生存环境身心活动特征的一种体现和投射，而这一切都应归结于人类对语言工具的习得。

四、增强人的创造性

语言促进人的创造性。任何生物在其生存领域内总能够表现出一些超乎寻常的能力。从本质上讲，我们应该将其视为一种创造力。而所谓人的创造性，或创新性思维，从根本上说，并非无中生有的创造，而是一种自然规律的再度发现，是人类心理或者自身与生存环境之间处于失衡状态下所进行的自我生存经验系统的类生态系统的修复与整合的高效心理活动。

大家可以考察一下人类的发明史，所有的人类发明与创造，不是无中生有的，一定是建立在现有已知经验和技术的规律体系之上，也一定是在现有已知产品的结构与功能基础之上的优化与改进。设计、创新的程序，首要需要借助已知的生存经验和记忆来对相关产品进行预期设计和改进。我们无法设计一种与我们的生活不相关联和不能理解和预期的产品，设计的过程一定是对记忆体系中种种现有经验信息的重组，而这种重组思路也一定是围绕着个体思维逻辑所能够接受和能够想象得到的信息所进行的相关组合与连接，而非一种超越人类思维逻辑规律的想象。这个思维的过程就是所谓的发明与创新过程。从这个角度说，一个人掌握的语言越丰富，越符合自然规律，那么这样一种创新思维也就越发地显现。

综上所述，发明与创造是通过已知的记忆信息组合来进行预见和设计，其实是一种思维活动的高效内联整合。以简单的摘苹果为例，方法有很多种，对这个过程的思维会产生一种逻辑推理：要摘取苹果，首先要求人类个体能够达到苹果所处的位置，那么在这样一种前提下，记忆中类似登高的记忆经验会很多：攀爬苹果树、站在人的肩膀上、用杆子协助摘取等，这一过程与发明、设计的逻辑思维并没有本质的不同。

五、增强人的心理平衡性

语言是平衡物种内在心理的工具系统。事实上，任何生物都有语言的，从低级的有机物到复杂的人类，为了生存适应和为了自身物种的繁衍与进化都会进化出语言。语言不单纯是指能够听得见的语音类型的语言，还有靠味觉或者嗅觉传递的语言，例如动物发情时，释放的性激素可以很快地激发周围雄性的交配欲望，从而促进物种的繁衍进化，这是一种生理语言；又如甲壳虫在适应性过程中进化出的形体及触觉、嗅觉等功能也是生物性的语言，这些语言的基本功能就是帮助物种进行生存适应的平衡，并且越是生存经验丰富，心理平衡也就越容易。

现实中，我们任何的智力思考和本能工作，都是为预期心理平衡所做的生存适应行为，最终都是为了实现本能性心理的平衡。那些处于食物链低端的动物或者生存境遇不理想的人类个体，需要更多的生存经验来面对食物链弱肉强食的生存环境。因为他们生存经验的不足和相关生存功能不够强大，使其实际的生存行为不能够长期性地保持平衡状态，容易陷入那些对自己不利的生存环境和生存事件中，使自身动荡不安。

第三章
走出食物链

对人而言，走出食物链是一件多么幸运而艰苦卓绝的事情啊！

在前两章，我们用了大量的篇幅来探索意识与语言的根本性原理，并且在不厌其烦的反复论述中，我们也再三地强调了意识的工具性本质，以及语言的适应性生存工具本质的事实。不论对人还是对动物来说，意识与语言都是用来应对生存环境的一种便捷工具。对动物而言，在食物链的生存环境之中，个体性语言得到高度发展，每一个物种都有其生存方面的"独门绝技"，相应于食物链生存环境形成的是动物的食物链本能心理，一种以抽象性痕迹性记忆形式保留下来的生物遗传。由于动物生物学内存的限制，除了食物链本能心理外，动物的智力并没有得到有效发育；与动物截然不同的是人类在动物抽象性痕迹记忆的基础上，发明了人类语言这一外置式生存工具，从而可以记忆和保存大量的始祖经验，通过大量记忆始祖时期伦理生存的现实，从而大大增强了人类的生存适应性，人类的预见性与创造性得到极大发掘，人的智力也极大进步，人类也由此摆脱了食物链的生存困境，开辟了人的生存模式。

人走出食物链的有三个根本要素，即语言、智力与家庭。三者存在着一种内在的因果决定关系，语言的丰富直接推动智力发育，智力的发达又加速了人类进化，让人类远远超过动物的生存适应能力，而从根本

上说，一切无不是从家庭中衍生出来的。下面让我们先来考察一下人类
的智力问题。

第一节 人类智力的本质

一、动物智力的真相

在正式论述人类智力及其本质之前，我们需要澄清一个基本的事实，
动物智力真的如我们想象那般低下吗？如果真的低下，那么原因究竟是
什么？要弄明白这点，我们需要对动物智力及其进化原理做一番探索。
首先，我们先来看看所谓的智力，究竟指的是什么？我们认为所谓智力
是指认识、理解客观事物并运用知识、经验等解决问题的一种能力，包
括记忆、观察、想象、思考、判断等。也就是说，智力从根本上说就是
物种用以适应生存，谋取更好生存的一种工具成果，而它又不是凭空而
来的，更多的是一种记忆成果的体现。说到这里，我们需要着重说明两
点：一是动物的记忆原理；二是动物的生存模式。其中，动物的生存模
式又影响和决定着动物的记忆原理。我们一一说明：关于动物的记忆原
理，我们在之前意识与语言篇章中，都重点阐述过，这里再来做一下回
顾，即动物的记忆遵循的是虎斑纹的数字化抽象记忆原理，这种记忆的
优势就在于不用全像素的记忆，而只要通过特征化的编码记忆就能激活
起对食物链天敌的记忆，从而获得生存保全。这是动物在生物学记忆内
存有限的前提下所能采取的一种较好的记忆模式。但因为无法解决生物
学内存容量限制这一进化根本问题，所以它们的生物学记忆内存大部分
是用来保存攸关生存的信息，并在无数次的生存条件反射中形成模式化

与规律性的警戒反应，形成动物第一心理系统本能心理；与此同时，动物过的是食物链弱肉强食、优胜劣汰的生存模式。在这样一种激烈生存竞争的生存模式中，动物们注定自私自利，因此也就无法组织起像人那样的集体互助的生存模式，无法发展出人类语言，并且为了适应快节奏、短逻辑的食物链生存，它们只能运用它们的"虎斑纹"记忆优势，面对天敌采取迅速逃跑的策略。所以动物的智力进化，是朝着四肢发达的路线进化的，因为只有四肢足够发达，跑得足够快，才能够在生存环境中争取一线生机。这样一种智力进化形式，我们称之为"下半身"的进化，即为了适应食物链的生存，动物们用外在的形体（主要是四肢）与内在的功能（运动神经系统）记忆了相关的进化经验，通过激烈的竞争与趋利避害，最终形成了每个物种独特又发达的形体语言，即它们用身体记忆了进化的成就，这是动物的智力体现。

这并不意味着动物的大脑就没有进化，只是作用于动物的客观环境刺激信息主要是涉及弱肉强食的食物链信息。弱肉强食的刺激信息是一种简单逻辑性的刺激信息，主要刺激动物的四肢和生理层面相关适应性变化。所以动物大脑在接受到相关刺激信息后，其生理学结构的进化改变，更多地是朝着本能性、生理性功能方面的进化，最终形成可以看得见的性状和功能，例如攻击、逃跑等能力的增强，对动物进化出复杂的智力功能结构与相关心理活动帮助较小。

这也就是很多人认为动物智力相对低下的原因所在，但人类和动物的进化目的是完全相同的，都是为了保持自身物种能够长期性生存下去，进化新功能都是为了更好地适应生存环境，都是对于自身的视、听、嗅、触等生理感官功能的加强或者提高，都是为了让自身的适应性更加完美。从本质上讲二者是一致性的，只不过自从有了语言文字工具之后，人类预期与进化变得更加快速而已。

二、人类智力形成原理

关于人类智力的本质及其形成原理，尚未有一套完整圆满的说法。我们在探究意识与语言的本质性原理基础上，对智力的本质及其形成原理，有了一番新的发现。如上所说，智力从根本上说是一种解决复杂事物的一种经验与能力，更确切地说就是一种记忆能力，想象、判断、思考、观察等无不是基于记忆能力。所以物种智力的进化，说到底就是记忆能力的进化，动物与人的巨大智力差别，原因也就在于动物不能像人一样发展出外置式的语言工具，以存储大量的生存经验。简单说来，也就是动物没有像人那样海量的记忆存储能力。

让我们来考察一下人类智力的形成原理。首先，人类智力的进化是"上半身"的进化，必须有一个可以支撑其高效运作、容量充足的人类大脑，这是人类智力形成的一个必要前提。人类的智力活动，需要相应神经系统组织的功能活动来支持，人类大脑组织结构有其特殊性，并且支持着人类智力的形成。那么我们不禁要问了：人类独有的大脑结构功能又是从何而来呢？它并非凭空而来，而是人类进化的成果，更确切地说是人类经历数百万年的原始共产主义社会的最终成果。在原始共产主义社会，人们以集体互助的形式组建家庭，在家庭中实行一夫一妻、尊老反哺，以及父权管理的集体生存模式，在这样一种生存模式之下，人与人之间的交流沟通成为了硬需。在一次又一次的日常交往交流中，人类中的那些长者们丰富和发展了语言，而人类在长期的语言交流中又刺激促进了生理性结构的改变——形成人类语言中枢神经系统。可以说，语言中枢神经系统就是人类身体对这样一种独特生存模式的记忆，长期的语言交流，刺激大脑神经系统沟回组织的形成，并且每一代人都在前一代人的基础上深耕细作，最终形成了人类独特又发达的语言中枢神经系统，用以语言的沟通与存储。

其次，人类从始祖与先辈那边遗传得来的大脑组织是形成人类智力的生物学基础，但并不意味着有了这样一种结构组织就一定能够进行人类智力活动或者说达到人类智力水平。这一点我们通过狼孩的悲剧就很明白了。狼孩同样具有人类特征的大脑，但是他既无法像人类一样说话，也没有人类发达的智力水平，这又是为什么呢？原因就在于，人类特征的智力活动需要一个激活的机制。

我们先来看看在狼群环境中生存的婴儿。婴儿降生在狼群中，由于没有复杂的人类社会生存环境、复杂的人际关系模式及人类语言工具的学习机会来激活大脑中复杂的"伦理道德"神经系统活动回路模式的兴奋和相关功能的使用，狼孩大脑中的"人类"语言中枢神经系统没有得到相应的激化与复活，最终不能朝着人类大脑语言功能运用的领域与趋势发展，因此没有办法记忆太多的生存经验，不能够形成人类特征的智力与心理活动。与此同时，狼群生活刺激了狼孩的食物链心理，他会本能性地进行弱肉强食、优胜劣汰的生存模式学习。狼妈妈同样会以自己的"行为"语言来教育狼孩。食物链生存环境其实是一种环境语言符号，这种环境语言会成为激发狼孩形成食物链心理的重要因素。

我们再来看看生活于伦理道德家庭的婴儿。降生于人类环境的婴儿，会激活与语言工具运用相关的神经系统功能结构，这样才能够有足够的记忆力来模仿与学习人类复杂的伦理道德模式的生存行为与逻辑，在此期间人类家庭之中复杂的伦理道德生存行为模式，是婴儿学习复杂生存逻辑模式最好的范本。父母的言行及人类独特的抚育环境，能够给婴儿提供一个与动物世界不一样的复杂生存逻辑刺激信息。人类生存环境能够提供的生存信息与场景要远比食物链的环境信息丰富与复杂得多，要记忆这些逻辑性复杂的生存场景，婴童就必须学习语言工具。事实上，不管是食物链模式的生存环境，还是人类伦理道德的生存环境，对于婴儿和狼孩而言，都是生存刺激信息或者说是环境语言符号。只不过刚刚出生不久的婴儿与狼孩是一样的，都是在用自身有限的生物学记忆内存进行本能性的学习与记忆，而随着后续的成长，婴儿会学习用语言工具来记忆生存经验，这是狼孩所不具备的。

从上面我们看到，不同的生存环境会激活婴儿不同的智力活动，食物链的生存环境刺激婴儿本能食物链心理，人类伦理的生存环境激活人类特征的智力活动。实际上，以上人类婴儿智力形成的过程，也是激活人类始祖遗传生物学记忆的过程。人类婴儿自出生，其遗传之中便自带了来自始祖与先辈全部生存经验的记忆。这些记忆有好有坏，好的记忆经验与良性的心理感触系统相互联系，可以让个体产生安全感和幸福感；坏的记忆则让个体产生恐惧与压抑感。这些生存经验是具有抽象型性质的生物学记忆，它们会根据婴儿后天生存环境与条件的不同和教育路径的不同而复活。

综上所述，我们认为人类智力的形成，是一个集生理遗传、语言工具及蕴含复杂逻辑性的集体互助生存行为为一体的综合过程，由人类的语言中枢系统、人类后天习得的语言文字及伦理道德的集体互助生存环境等条件共同参与形成。可以说，人类智力活动是一种逻辑复杂且系统集成的活动体现。

三、智力加速度原理

人来自于自然，跟动物一样，从根本上说也是为了满足人类生存与繁殖的基本需要而进行一切的活动。面对复杂的自然系统，动物解读了部分的真理，认识食物链生存的位次区别。为了自我保全，动物在食物链中以自身的生命践行着种内弱肉强食、种间优胜劣汰的自然法则。这是一种残忍又明智的选择，但是无论种内和种间的生存竞争是多么得残忍，最终获胜和遗留下来的个体，便是这个物种的生命性状得以延续至今的进化效果体现。从进化的角度来说，在弱肉强食、优胜劣汰的生存环境中，同一物种内部是不能够相互惺惺相惜、相互帮助，否则将会在进化过程中被灭种。所以，动物的进化永远是符合全体利益的最强个体性状的遗传，如只有最凶猛的狮子才有交配权，才能把自己的性状基因传给下一代。这样一种进化方式，物种集体的才智无法得到全面地发掘和遗传，只有部分最强个体的性状得以适应生存。

人类读懂了食物链生存的这种零和平衡，即总体平衡是以个体间的竞食、竞争为代价的低阶平衡；所以，人类始祖选择了原始共产主义这一具有开创性的人类集体互助生存模式，从而走出了食物链零和平衡，以家庭为单位一夫一妻、尊老反哺、父权管理，人类语言由此丰富，智力由此极大发达，借助语言文字记录承载的前人经验功能，人类围绕着自身的视觉、听觉、嗅觉、触觉、思觉等生理感官功能的加强或者补充变得信息量极大，加速了人类的进化。

动物要想获得新功能，必须在生存竞争的过程中，通过弱肉强食和优胜劣汰的方式来提高自身物种的生存能力，这种能力更多是通过自身肌肉组织和功能来体现。在这个过程中，有利于该物种趋利避害的生存性状，通过残酷的自然选择，经过漫长渐进的优化，最终才逐渐形成利于该物种趋利避害的新功能。例如，鱼类进化出翅膀，绝非一日可以完成。

人类借助前人的语言文字和发达的智力，可以快速地获得相应的新经验和新功能，例如人类通过学习获得了攀爬树木的能力，或者发明一个脚蹬，穿上这个脚蹬而获得攀爬树木的功能，人类擅长借助外在工具来实现新功能。说到底，生物进化的核心，就是生存经验和技能的提升。语言的丰富与智力的发达让人获得了大量的生存经验，只要通过有计划地学习与训练，人类可以在极短的时间内，掌握动物数十万年的进化成果，进化速度一跃千里。

语言也罢，智力也好，说到底，无不是从人类独特伦理生存模式的产物，一切无不是从人类家庭中演化而出。

第二节　原始共产主义

在人类的进化史上，有一段不得不说的重要阶段。在这个阶段，由于人类采取独特的生存进化模式，从而逐渐走出了食物链的你死我活的生存状态，这个历史阶段就是人类的原始共产主义社会阶段。在原始共产主义社会中，人类选择了伦理生存，通过伦理生存，人类组建了家庭，通过家庭内的伦理生活，人类语言日益丰富，智力大大增强，人从此有了道德感。可以说，人类社会中的一切缘起，如国家管理、经济运作等，都可以从家庭中找到深深的根脉。可以毫不夸张地说，人类家庭中隐含的伦理道德生存模式是人类进化的根本促进力量，因为人类家庭之中不但有母爱，同时还有动物们所没有的父爱与反哺行为。正是在这样一种复杂生存模式生态系统中，才有了人类智力的大幅度提升，也才能够让人类从食物链之中走出。

在走进原始共产主义社会之前，让我们看看动物界的互助行为，以对比人类家庭互助生存模式。

一、动物互助

之前我们曾说过，动物在食物链的生存模式下，注定是自私自利的，不然就会面临灭顶之灾，但是我们在观察过程中也发现了部分动物遵循的是一种群体互助生存法则，但是为什么动物的群体互助生存不能让动物摆脱食物链的生存模式，而人类的家庭互助生存法则却可以让人类从食物链生存模式中获得解放？

让我们来看看动物是怎么互助的。德国《地理知识》杂志曾经以封面故事的形式介绍了美国生物学家杰拉尔德·维尔金森对吸血蝙蝠的研究结果。结果显示，即便是这种100%靠吸血为生的可怕嗜血动物，也会"学雷锋",讲究"助人为乐"。吸血蝙蝠以鲜血为生,而且新陈代谢过程很快,如果它三天不能喝到足够的鲜血就会饿死。杰拉尔德·维尔金森通过对野外吸血蝙蝠的观察发现,那些已经吸食鲜血的蝙蝠,在回到"家"中之后,会把自己腹中的鲜血吐到根本没有进食的同伴口中,以缓解它们的饥饿。吸血蝙蝠的援助对象首先是幼小蝙蝠,然后是有血缘关系的成年蝙蝠,它们也会帮助无血缘关系的蝙蝠。这种互相帮助的特殊亲密关系一般能够持续十四年,甚至更长时间。杰拉尔德·维尔金森认为,这也是进化和繁衍种族的需要,因为科学家曾做过计算,如果吸血蝙蝠全靠自己捕食,只需两代,它们就会全部饿死。

我们再来看看生活在草原上的白尾鹫,其"互敬互爱"的行为蔚然成风。这种专门吞食动物腐尸的鸟类,在发现食物之后会发出尖啸声,把自己的同伙招来共享。吃的时候不是一拥而上、你抢我夺,而选择让年老体弱的鹫先饱餐一顿。老鹫吃饱之后会自动到附近的高山上担任警戒,这时其他白尾鹫才开始聚餐。"家"里还有幼鹫的母鹫,回"家"之后还会把吃下去的肉吐出来喂幼鹫。

还有蚂蚁和蜜蜂也充分利用了集体互助的生存模式,它们一切以集体性利益为出发点,无私互助。但是为什么动物的互助生存不能够产生如人那般进一步推动进化的进程?如果仔细对比动物互助与人类家庭互助,我们就会发现动物互助生存不具备人类家庭互助的伦理特性,即在分配方式上,公平正义,人人有份;在交配模式上,一夫一妻,彼此平等;在日常生活中,尊老反哺,以老为尊;在管理方面,尊信父权,家庭和谐。动物的互助行为,只是或多或少地体现人类家庭伦理生存的部分因素,但从未有动物如人这般将所有这些因素统合并且组建成一个三人单位的小团体互助模式,正是人类这种复杂的伦理生存模式,才从根本上促进人类思维模式的改变,以及人类智力的极大提升,从而有机会从食物链生存模式中脱颖而出。

二、家庭互助生态系统

　　原始共产主义社会最伟大的发明就是家庭。人跟动物的区别就在于，人类有一个稳固而温馨的家庭，供其躲避风险，供其学习成长，供其进步成人，而动物是无家可归的。曾几何时，动物母亲的子宫就是小动物们最温馨回忆的"家"。在这个"家"里面，小动物们很安全、衣食无忧。这样的生存环境能够给小动物们带来安全感和自信心，这种独特的触受感觉成为动物们最深刻的本能记忆。所有动物都曾生活在这样一种温馨"家"的环境中，所以它们都有着"家"的追求与回归"家"的冲动。但是动物甫生下来，就要进入食物链的生存环境之中，它们还来不及品味"家"的味道就已经要面临生死的考验。在这样一种严峻的生存环境危机之下，动物们激发起了本能动物性心理，一种即时、短逻辑的趋利避害应急系统，在生死刹那，它们要跑得更快、跳得更高、叫得更响。没有"家"的动物们只能一代又一代地重复这样的短逻辑趋利避害，以至于它们进化出了供其快速识别的虎斑纹记忆，供其快速逃跑的健壮四肢，它们凌利突出的外形记录了它们激烈生存的进化史实。

　　人类在娘胎之外，发明了伦理生存的家，相当于在食物链生态系统之外，又开辟了属于人的一种生态系统。在食物链生态系统中，生存竞争激烈，动物之间的交流就是种间弱肉强食、种内优胜劣汰，很难有片刻的安宁，所以它们的性格往往激烈而迅猛，或小心谨慎、胆小慎微。而人自从有了家这一稳定的生存单位，可以从各方面抵御生存的压力，心态由此变得平和，能长时间保持稳定平衡的状态。也就是说，人类有了家之后，从前的动物第一心理系统本能心理得到了有效转化，进而进化出人类特征的心理，这种心理就是在原始共产主义社会家庭伦理生活中形成的伦理道德的本能心理。

　　在人类家庭互助生态系统中，与不讲伦理道德的食物链生存婚配关系相对应的是家庭伦理生存中的婚配关系，遵循一夫一妻的道德生存模式；生存供给模式也从动物世界食物链的相互竞食，变成了人类生产互助。人不再是食物链生态系统中的消费者或被消费者，而是一种生产者。人靠彼此之间的生产互助，从自然系统获取生存资源，并且资源的分配模式也由动物世界的"谁强谁占有"变成了"人人有其份"；在生存资源的管理上，人类父亲义不容辞，但有别于食物链顶端动物的私权父亲，人类家庭父权遵循伦理道德的父权管理，一方面从容安排家庭内部生产、公平分配生存资源，另一方面负起保卫家庭的责任，让家庭成员能够在一种长期安全的生存环境中和谐成长。与食物链生态系统尤其不同的是，家庭互助生态系统中的老者，不再是一个百无一用、坐而等死的生存上的弱者，而是作为生存经验的总结者、生存技能的保存者、生存能力的传授者参与到人类生产中去，并且获取他们应得的生产资源。

人在家庭中形成了血缘关系的互助系统。在家庭中忘记了彼此，无私无我，互帮互助，人类社会真正的平等，也正是源于这种家庭亲情。人类的互助都带有类血缘关系，因为血缘就意味着是一种家庭内部关系，而不同物种之间则仅仅是相互使用的工具或者是构成食物链的必须。例如，猪是不是已经成为人类的食物？马甚至也成了人类物种的代步工具。这种血缘关系，对于食物链而言是一种消解工具，一旦建立血缘/类血缘关系，食物链立刻瓦解。比如穷人偶然认识了高官亲戚，那么他的食物链命运就会扭转，生活状态立刻改变。这种情况唯有家庭内部才能够出现。因为在家庭中，不会有你贫我富、一边困顿一边暴富的极端情况，一定是彼此平等、和谐相处。社会上那些国有企业、利益团体，其集团内部成员关系友好、经常互助，同样是再现类似家庭的血缘关系。因此可以说，血缘/类血缘关系是家庭互助的社会化象征。相对于动物用几亿年时间形成的食物链结构，人类用了大量复杂家庭互助（动物也有互助），学会了整个食物链的生存经验。正是在人类家庭互助的生态系统中，人才有机会从身与心各层面进化，不仅拥有了人类特征的身体结构，也获得了人类特征的心理意识，从而走出食物链。

另外还需要提到的一点就是，家庭模式的出现改变了人类的繁衍方式。众所周知，动物的发情和繁衍是有周期的，但是人类却可以随时随地发情和繁衍，打破了自然法则。事实上，人类雄性可以随意保持性欲，跟人类日益频繁的复杂互助有着密切关系。雌性随时繁衍，并且抚育周期长，这个需要复杂逻辑性和长期性的抚育模式，让人类雄性的性欲相应增长，这样以便于雄性能够长期围绕着雌性，为了性欲满足而去努力寻找食物并且保护雌性的安全，而让雌性能够很好地抚育人类后代。性欲增强是人类进化的生物学体现。人类可以随时随地进行繁衍是因为在家庭的氛围中，人类的生存资源得到了保障；动物则一般选择在食物丰富的春季交配。人类因为没有了衣食之忧，所以可以毫无顾忌地进行生殖繁衍，而人类可以随时随地繁衍，这也证明了通过家庭形式人类的生存适应能力和创造能力得到了极大提高。

三、人类共性心理

原始共产主义留下的另一个重要财产就是形成人类共性心理。所谓人类共性心理，即具有人类特征的心理结构系统。这种心理结构系统的形成，源于人类具有相同的生理学结构功能，以及人类共性的伦理互助生存环境与模式。首先，今天为数众多的人类个体，是由少数始祖繁衍壮大而成的，所以拥有共性、共有、共通的集体本能生理及心理结构。在漫长的原始人类进化过程中，我们的大脑得到了完美的进化，进化出了能够支持人类复杂伦理生存模式的语言中枢神经系统，语言中枢神经系统让人能够利用语言工具记录原始共产主义时期的伦理互助生存模式。

说到底，人类共性心理就是对人类独特伦理互助生存模式的一种反映与投射。在数百万年原始共产主义伦理互助生存模式的生活环境中，人类已经习惯于伦理互助的生存模式，以至于人类用自己的身体记忆了全部伦理互助的生存事实，形成了人类伦理互助生存的痕迹性记忆。这些痕迹性记忆是人类伦理互助生存中惯常性、规律性的条件反射记忆产物，其中蕴含了伦理生存的奖惩机制，即凡是违背人类伦理互助或不道德的生存行为模式，会产生一种惩罚机制，让人寝食难安、心理愧疚。这是因为不道德的生存行为模式破坏了人类共性心理的平衡。只有通过恢复道德的生存模式，才能恢复共性心理的平衡，而作为奖励，个体在道德的生存行为中能够获得长期性的心理平衡和愉悦的生存体验，这些都是人类共性心理的作用原理。

第三节　一夫一妻

以上我们简要地论述了原始共产主义时期形成的人类家庭互助生态系统，但未进行深入讨论。下面让我们继续顺着家庭互助生态系统这个思路，对家庭内部最重要的三个基本原则进行具体而深入地讨论，以深刻地了解人类进化的秘密。这三个基本原则就是一夫一妻、尊老反哺、父权管理等，让我们首先来看看一夫一妻这一根本原则。

一、食物链的繁衍方式

首先让我们先来看看动物世界的繁衍方式，这样我们或许能够更好地理解人类一夫一妻婚配关系的根本意义所在。

动物世界食物链生存呈现的是金字塔模型的生存样态，即食物链的底端是数量众多的草食性动物，而食物链的顶端则是数量较少的大型肉食型动物。食物链动物的繁衍方式绝大多数遵循的是一夫多妻模式或一妻多夫模式。

　　食物链顶端的动物遵循是一夫多妻式的繁衍方式。以狮群为例，群狮中必有一狮王，狮王在狮群中对繁衍权利与生存资源具有绝对支配权。狮群中所有的母狮子都是狮王的所有物，这是一种很典型的一夫多妻的繁衍方式。这种一夫多妻的繁衍方式有其优势，即能够充当这个"夫"的一定是动物群体中最强壮和最有能力的雄性个体。因此在群体生活中，它会保护自己的幼仔，抵御外来动物的侵犯，维持群体的安定等。但其弊端更甚，一夫多妻制存在着严重的权力分配不均，如狮王往往是不用劳动的，但是它却拥有资源的所有权与优先使用权。不均衡的分配方式让物种内部充满矛盾与冲突，结果就是那些暂时身强力壮的动物头领在其年轻时，可以尽情享受与支配繁衍权，但等年老体衰之后，其后代甚至都可以取代它首领的地位。这种缺乏伦理的繁衍方式让物种生存短视，进化缓慢。

　　绝大多数食物链底级的动物往往是采取一夫多妻的繁衍方式。

　　食物链底端的动物往往是以数量取胜，它们以强大的繁殖能力为竞争手段，以自己为数众多的后代来弥补食物链地位低下所带来的生存风险，即它们在弱肉强食的生存环境中往往能够一次产下数量惊人的后代，来维系自己物种的可持续生存。在这样一种生存模式下，食物链底端的雄性动物在进行完种内的交配行为之后，便置雌性动物及幼崽于不顾。物种繁衍与养育幼崽的的责任完全由雌性动物来承担，所以这些动物是"只知其母，不知其父"。这种完全由雌性动物来负责的繁衍方式给物种的生存安全带来了极大的风险。在食物链生存模式下，那些怀孕的雌性会因为生理负担而在日常的生活中举步维艰。试想一下，一群濒临灭绝的物种正在吃草，突然天敌出现了，那么这时物种就会大难临头各自逃命，那些怀孕的雌性动物会因为生理原因跑得比较慢而被天敌捕获，这个物种则很有可能因为雌性生物的缺失而面临灭绝的风险。这种由雌性动物承载全部物种生命进化信息传递责任的一夫多妻制，更多时候是听天由命的任自然选择，因为没有一个强力父亲的保护，物种后代的后续成长充满了诸多的不确定性，很多物种因此灭绝。

二、一夫一妻制的意义

通过考察动物世界各层级动物的繁衍方式，我们发现顶端的一夫多妻制，还是食物链底端的一妻多夫制，都不能很好地兼顾物种后代稳定繁衍与生存资源公平分配这两个基本问题。人类在这两个基本繁衍方式的基础上，基于长远利益的考虑，选择了一夫一妻的婚配方式，从而从根本上超越了动物。

一夫一妻制使人类从根本上优越于动物、有别于动物。人类组成三人以上的集体性生存单元，即家庭，一夫一妻制是伦理家庭的根本原则和根本保障。正是因为人类采取的是一夫一妻制的婚配关系，人类家庭才保证了它的伦理性和互助性，才有了人类伦理互助的生存模式，如果违背这个原则，人类家庭就称不上伦理性与互助性，而是蕴含着食物链生存模式的动物世界的繁殖。以一夫一妻为根本原则组建的伦理家庭，其根本意义有如下四点：

第一，一夫一妻制避免了人类物种在繁衍过程中的斗争与内乱，动物在发情期为了争夺交配权会进行激烈的竞争，如果人类物种内部也采取类似的方式，那一定会造成人类物种内部的不团结。一夫一妻制有效地解决了人类内部的公平交配问题，让每一个人类成员都能够各安其心，各任其位，不会因此影响团结互助。

第二，人类父亲的加入，使得人类有了家庭，也使自然界中有了稳定和真正意义上的集体性家庭互助生存单元的存在，使得人类的母亲不再艰难且独自地承担家庭与种族的繁衍使命。

第三，人类因此产生了萌芽状态的责任感，也即集体主义互助精神的雏形，表明人类朝着集体性进化的特征迈出了一大步！例如天敌来犯时，为了使自己的后代能够优先存活下去，身强力壮的男人会挺身而出，承担起防御天敌的职责，甚至为此可以牺牲自己的生命来确保妻子和自己后代的安全和存活率。

第四，在一夫一妻制伦理家庭中，那些曾经的父亲或母亲，等他们老了之后，能够得到后代有效地照顾，因此他们能够把毕生的生存经验传授给下一代，人类语言就是在伦理互助的家庭环境中产生的。

有研究学者认为，人类原始社会的婚姻状态是混乱的。请大家想一想，人类婴儿在历尽艰难困苦并且长大成人之后，怎么可能会去保护与赡养一个与自己不甚相干的人呢？没有一夫一妻制，就不可能产生反哺的行为。在现实中，凡是非平均主义的物种繁衍方式，就一定会引发物种内部的竞争和冲突。一夫一妻制是人类物种的独创，也是人类集体性生存中最利于物种内部安定团结、生命繁衍及集体性利益维系的最佳繁衍模式。

综上所述，我们可以说一夫一妻制是人类物种创造出来的有利于人类物种保存与发展以及安定团结的最佳生物繁衍方式，同时一夫一妻制的生存氛围中也包含着最基本的伦理互助生存规则。

第四节　尊老反哺

反哺，顾名思义就是一种感恩与报答的思想与行为。纵观生物界，除了人以外，其他的动物并没有产生反哺的思想与行为。或许有人会反驳说，羊尚且知道跪乳之恩，乌鸦也有反哺之举，那么我们不妨先来看看动物这些反哺行为的实质。

一、反哺不是一种本能行为

在现实生物界中，普遍性地只存在母爱而没有反哺。传言羊有跪乳之恩，这仅是作家们对母爱的一种情感赞颂。在现实中，羊跪着吃奶完全是由于羊自身一种生理结构性原因而表现出的一种饲食行为，绝非是为了尊敬羊妈妈的报恩之举；再来看看乌鸦反哺，其实那是古人对乌鸦的生活缺乏细致观察所造成的误会。实质上，世界上几乎所有的鸟类都不会养老，小鸟一旦学会飞翔就开始独立生活。

反哺不是一种本能的行为，而是后天教育和行为影响的结果。反哺行为是人类独有的行为，即便是你能够从生物界中找出一两种反哺的生物行为，但只要仔细对比二者之间的性质，也能够发现它们完全不是一个意义和层面上的反哺行为。动物本能地不会反哺，原因在于反哺其实是后天教育的结果，如果反哺心理是一种本能性心理的话，那么天下间就没有不孝之子了。

事实上，人类几百万年伦理互助的复杂反哺行为，使这种行为在我们的神经系统之中有了痕迹性的记忆遗存，从而让我们人类的大脑有了特殊的平衡与满足方式。这种遗存力量结合人类语言工具，迫使人类个体只有实实在在地做出反哺这种充满复杂逻辑的养老行为，我们人类特有的神经系统相关活动区域才会本能性地得到相关平衡与满足。否则我们人类的本能性心理将会感到巨大的不安。这就是我们人类在几百万年原始共产主义社会的生存氛围中，人类反哺行为长期性且持久性地刺激与作用于我们人类神经系统的结果，就是说唯有遵循伦理互助的生存模式，我们人类特征的本能性心理欲望才能够得到一种彻底的平衡与满足。

二、反哺的本质与意义

既然反哺是人类所独有的一种伦理生存方式，那么我们不禁要问，反哺它的实质是什么，以及它到底有什么意义，或者说能给人类带来什么？

首先，先来说说反哺的实质。我们认为，反哺的实质就是生存资源的公平分配。人类智力的进化与遗传，是一种集体互助的产物，并且它需要一种人类独创的生存方式和条件才能得以传递。试想如果是食物链生存模式，在猎取生存资源之后，对猎物的分配总是那些身强力壮的年轻动物掌握优先权，那些年老体衰的动物将无法获得食物，并会因此死亡。那么，经验丰富老动物的生存智慧就不能得到遗传，生存经验也将因此中断。

人类与动物最为不一样的地方就在于反哺，反哺的实质就是让年老的人同样可以得到生存资源，因为年老体弱的老人们根本没有能力和办法去与年轻人竞争，只有通过反哺，老人们才有足够的时间和精力整理和传承生存经验。假若现实中生存资源分配不公平，那么就会导致生存技能的传递和相关传承受阻，人类就也无法进化到今天这个现状。

生存资源的公平分配对人类生存意义深远。首先，它避免了物种内部的自我消耗，保存了内部最大的团结；其次，它能充分发挥物种全部成员的聪明才智，让物种的集体优良智慧能够持续传承下去；最后也是最重要的，生存资源的公平分配有利于物种的集体互助精神的培养。试想一下，如果家庭内部资源不能公平分配，那么人人自危，大家都屈从于掌握生存资源的父亲，但是他们内心是不满足和不服气的，这样就不能够产生良好的互助行为。同样的道理，生存资源的公平分配也不仅仅局限于家庭内部。如果是这样，人类家庭与家庭之间又会存在竞争关系，这样依然会使人类社会内部充满矛盾，同样会严重阻碍生存经验的相互传递和传承，以及损害社会成员间的互助精神。试想我们家因为技术好而让一家人过得好，凭什么要将相关的技术教给别的家庭呢？这样教会别人岂不是饿死自己？这样一种推理，针对人类先祖的早期进化，显然是不合历史与逻辑的。因此，一旦人类社会内部存在私有制和相互竞争，则一定会影响集体互助，阻滞人类的进化。

　接下来，我们再来看看反哺的意义。反哺的意义概括起来说，有如下四点：

　第一，反哺是语言丰富的重要前提条件。我们曾经就动物语言和人类语言做过一番探索。在相关的研究中，我们发现动物跟人类一样，也有着意识与语言的功能，只是相对比于人类，动物只能传达一些简单的语音表述的集体预警语言，其内涵与逻辑性，远远无法跟丰富的人类语言相提并论。之所以如此，是因为动物所使用的语言中枢神经系统远远没有人类发达，不足以支持复杂的语言功能使用。人类所使用的复杂大脑语言中枢神经系统的进化源于一种复杂的人类生存行为，即人类伦理互助的生存模式，尤其是人类的反哺行为。动物世界普遍不懂得尊老养老，食物链的法则遵循的是弱肉强食、优胜劣汰，那些生理功能衰退的老动物，甚至连生存的资格都没有，更遑论将自己优良丰富的生存经验传承下去。试想一下，一只生活了二十年的老狮子，在年老体弱的时候，它精通了狮子界的各种生存经验，并且它也极有可能会对狮群的语言有所心得并要有所传承和进化，但是它的四周是食物链的生存环境，到处危机四伏，不仅要躲避来自内部的斗争，还有可能被外部的鬣狗群所追杀。它不可能有一个相对安逸安定的环境将一生的心得传递下去，以至于所有的狮子都要经历这样的命运，所有食物链的动物也都要经历这样的命运。反观人类，通过一夫一妻制组建伦理互助的家庭，不仅能抵御外部的侵犯，在内部那些年老体衰的老者也能够因为得到尊重和照顾，而有精力去从事生存经验的整理和语言的丰富工作，通过一代又一代不断总结和尝试，人类的语言得以极大丰富。

　第二，反哺间接促进了人类智力发育。我们知道，语言是对生存场景的一种抽象压缩，实际上就是一种生存智慧的便捷存贮形式。语言的极大丰富，意味着人类可以通过学习语言接受和掌握始祖和先辈以来所有的生存经验和生存技能。所以，尽管人刚生下来时跟动物无异，只能进行第一心理系统本能性心理反应，但是通过语言的学习，人类逐渐从动物性的本能性心理转化为具有人类特征的意识和心理，并且因为掌握了大量的生存经验而促进智力极大发育。因为智力本身体现为对客观事物的认识及解决困难的能力。动物世界中认识能力体现为一种本能性的条件反射，而人的认识能力更多的是通过语言学习之后的一种深思熟虑和多重选择，比如造房子，动物世界的各种动物都有造房子的高超本领，但是只有人类可以通过经验的积累掌握多重方法，如燕子造的燕巢、蚂蚁造的蚁窝、蜜蜂的蜂巢等，结构精巧、功能实用，但是它们都是通过本能性心理，即通过它们祖祖辈辈遗留下来的痕迹性记忆来构筑它们的巢穴，也因此燕子只会筑燕巢、蜜蜂只会筑蜂巢，它们没有足够的智力去选择其他的方法。人类智力则为人类提供了无数可能与方法，可以是中式的、法式的、英式的，还可以是模仿动物世界的等，甚至于说，人类拥有可以任意物化的功能，即通过学习其他动物几千年进化的成果而变成具有这方面功能的所谓专家，如飞行家是学习模仿鸟类飞行，潜水师是学习模仿海洋生物的游行等。

第三，反哺能促进人的自信心与安全感。对比动物世界食物链生存模式与人类家庭互助的反哺行为，我们会发现动物世界的动物上至食物链顶层的豺、狼、虎、豹，下至食物链底端的牛、羊、鸡、鸭，尽管自信程度不等，但是它们都时刻保持着警惕，战战兢兢；而人类则大部分精神稳定，表情轻松。这种差别的原因就在于，动物世界食物链生存环境中的动物，没有一种安全感，因为它们时刻都面临着天敌、食物、交配等生存压力的侵扰，不是想着怎么解决下一顿饭的问题，就是想着怎么逃避被吃的命运，或者想着怎么才能从绝大多数同类中脱颖而出，获得交配的资格。总之，它们的情志反应系统跌宕起伏，没有片刻的安宁。人类因为伦理互助家庭与反哺行为，在内部形成了无竞争的集体互助生存氛围，从此以后不再需要担惊受怕，也不再需要为食色问题绞尽脑汁，通过人类伦理互助，这些问题都能够得到相应的解决，因此安全感和自信心大大加强。

第四，反哺能促进人的预见力。所谓预见力，实则是一种长逻辑信任关系的产物。动物源于短时、激烈的生存关系，所以大部分都很短视，即它们的眼界只能看到眼前的生死利益，而不会像人一样思考和规划长远的一生。对它们来说，明天来不来也不一定知道，所以动物谈不上预见力。人由于家庭伦理互助的生存行为、由于反哺的实际行动而促进了人的预见力。因为反哺是一种贯穿人一生的复杂逻辑生存，从一个嗷嗷待哺的婴儿到身强力壮的青年，再到年老体衰的老年，在这样漫长的一生中，人类个体选择将自己寄托在这个伦理的家庭中，年轻的时候勤劳工作、赡养家庭，因为他知道等年老了他的子女也会像他赡养父母一样赡养他。基于对伦理家庭中每一个成员的基本信任，家庭中每一个成员都把自己的未来交给了下一代。因为他们知道善待他人者，自己也必将受到善待。只有伦理互助的生存，才能让他们看到未来，也因此才会有长远的预见力。

第五节　父权管理

不知道大家是否承认，对于父亲与母亲，似乎母亲的形象与付出要远远大于父亲，而父亲形象似乎并没有如母亲般那么光辉照人。之所以如此，有着深刻的生物学原因。大家都知道动物是"只知有母，不知有父"的。世界上所有的动物，都会在一定程度上依赖于自己的母亲，却鲜少有动物能够依赖其父亲，原因在于动物从出生到成长这一不能独立生存的时间段，主要是依靠母亲的力量存活，所以动物在朝夕相处中对母亲有依赖感。动物由于没有组成稳定的家庭关系，父亲的角色也就无从说起，即使如狮群中的幼狮，也主要是依赖其母亲捕猎为生，雄狮只是占有狮群的生存资源，并没有尽到父亲的责任。只有在一夫一妻制伦理互助中的人类父亲，才跟人类母亲一样对后代真正负起责任，并且对人类伦理家庭建设与子女教养起到了关键作用。

一、父亲形象

我们通过考察动物世界与人类世界，发现和总结了如下四种父亲形象：

第一种，我们称之为懦弱的父亲。这是食物链底端的父亲形象。食物链底端往往采取一夫多妻的繁衍方式，因此食物链底端的父亲在生物保存与后代保护方面基本没有丝毫帮助，这些父亲本身软弱无力，所以食物链底端生存的生物往往靠雌性母亲拼命进化繁衍幼仔的数量来进行物种的繁衍和维系。由于自身力量不足，食物链底端的父亲更多的时候不是靠他们自己的力量来维护后代的安全，而是通过与雌性交配，以雌性作为种群进化的担当，让雌性承担起繁衍及保存后代的全部责任。这样一种父亲，也可以说，相当于没有父亲。

第二种，我们称之为强权的父亲。这是食物链顶端的父亲形象。在动物世界之中，尤其是在一些食物链顶端的食肉动物中间，"父亲"是一种强权与力量的象征。食物链顶端的动物更多采取一夫多妻制，在这样一种由强大的动物个体掌握所有生存资源的一夫多妻制中，父亲掌握着绝对的权力。这种权力是自然力量赋予的。由于它们拥有强大的生理素质，所以能够独自占有一个群体中的所有生存资源。这种强权父亲的出现，能够保护群体免遭外来动物的侵犯，以保障物种能够将较好的生理性状传递下去，保障物种后续的生存与繁衍。但是这样一种强权父亲注定是自私自利的。它们没有资源公平分配的说法，更不可能资源共享，只能是强者独自占有一切资源，如狮王的独享权利。概括来说，对食物链顶端的生物而言，"父亲"是一种能够保护物种繁衍结果存活率的力量象征，但它又是自私自利的。

　　第三种，我们称之为不道德的父亲。这是不道德人类家庭的父亲形象。在一个不道德的人类家庭中，遵循的不是人类一夫一妻制为核心的伦理互助行为模式，而是类似于动物世界食物链的一夫多妻制或一妻多夫制行为模式。这种环境中的父亲或者像食物链底端动物父亲那般软弱无力、不负责任，或者如食物链顶端动物父亲那样肆意滥用武力与强力，在家庭内部实行弱肉强食的生存竞争，这种父亲就是人类家庭中的不道德的父亲。在这种生存环境中的家庭成员之间不懂得伦理互助，更不可能产生反哺的生存行为，他们虽然生活在人类家庭之中，却见证和体验着食物链的剧烈竞争，这样的环境激发了他们潜在的动物本能性心理，让他们的生存充满非道德性。私有制社会中的家庭类此，只要稍微有点历史知识就能够看到，在封建社会中，普遍存在着一夫多妻制，这种非道德的婚配关系也注定了其家庭内部的非道德性。

　　第四种，我们称之为道义的父亲。这是伦理互助家庭的父亲形象。只有伦理互助家庭中的父亲才真正配的上"父亲"这个称呼。遵循一夫一妻制这种伦理互助原则组建的家庭，不像动物世界以强力确立父亲地位，伦理互助家庭中的男性是以道义来确立其"父亲"的名称跟地位的。对外家庭中的父亲承担起保卫家园、抵御侵犯的职责，对内道义的父亲又进行生存资源的公平分配、组织安排家庭成员的生产劳动、教导幼年的成员、赡养年老的成员等一系列伦理互助的生存。因为有道义父亲的加入，伦理互助的家庭才能够稳定和坚固的发展起来。因为道义父亲进行的生存资源公平分配，家庭中年幼的成员与年老的成员才能够平安地生存下去。年幼的等到成年会因此感恩和反馈父母的养育之恩，年纪老的则会因衣食无忧而将自己掌握的生存经验和生存技能教授和传递下去，人类的语言与智力也因为有道义父亲的安排与管理而进一步丰富发达。可以说，离开了道义父亲的运筹管理，伦理互助的家庭生存是不可能持续下去的。人类家庭之中道义父亲的加入，是促进人类进步与进化的关键因素。

二、家庭中的父权

我们这里所说的家庭，指的是伦理互助的家庭。所谓父权，顾名思义，就是父亲的权力，它蕴含着管理与统筹，以及一种道义的安排。

一夫一妻、反哺，以及伦理道德父权的管理，使人类从动物世界当中进化出来，其根本推动力是因为父权的介入。概括来说，父权有以下五种基本的职能：

①家庭经济合理分配。遵循尊老爱幼的原则对生存资源进行合理分配。

②制定家庭内部的计划经济。父亲安排家庭全年的生产活动。

③实施儿童教育。父亲对儿童教育的供给和督促。

④赡养老人。父亲对老人的赡养和照顾。

⑤对外职能。父亲负责家庭外部的社交，并肩负家庭保护工作。

从上可知，父权管理充满着对未来的规划和安排，有其独到的智慧。当然，家庭中的父权也并不是无缘无故就得来的，父权的获得必须遵循道义的原则和集体的信任。父亲是一家的顶梁柱，所有家庭成员对未来生存资源获取的信任，全部都压注在父亲身上。因此，父亲每天都会很辛勤地外出工作，一切都是为了让家里人过上衣食无忧的生活。父亲常年无私的付出让所有家庭成员都选择信任父亲，这就是父权功能的由来。每个家庭成员都会听从父亲的安排，去做力所能及或者理所当然要做的工作。事实上这就是家庭内部的生产管理：遵循尊老爱幼的原则，成员中年老体弱的工作会轻一点儿，身强力壮的会多负担些；如果日常有不法侵犯来伤害家庭成员，父亲一定会挺身而出保护家人。在这个过程中，父权的管理会随着时间的变化而发生迁移，先前的父亲，后来会变为爷爷，先前的儿子后来会变成父亲，如此反复循环。在那些人口众多的大家庭中父权功能体现的更加明显。

想要让家庭幸福美满、长治久安，父亲必须具备以下四个基本条件：

①有稳定的工作，可以有序地解决自己和每个家庭成员的生存问题；有丰富的生存经验保障生存资源的获取。

②支持未成年孩子接受教育。对不听话的孩子进行训诫；接收学校的教育，让其融入社会。

③赡养老人。让家庭中的老者老有所依、老有所养。

④能够保护家人免遭外来侵犯。父亲有保护家庭安全的责任；对家庭成员不规范行为进行惩戒，让其遵循家规和社会法律。

只有能够满足上述四个条件的父亲，才能赢得家庭内部所有成员的尊重和信任，才能更好地运用父权来管理、服务于全体家庭成员。

人类家庭是性价比最高的生存单元，其中一夫一妻、反哺这些具有长远智慧的生存模式，需要道义的父权长期以身作则地示范、管理，唯有这样才能够保障一个家庭的长盛不衰。如果是一个内部不和睦的家庭，其父权表现就会跟道义的父权完全不一样，例如一个家庭当中，父亲自私自利，整日不生产、不劳动，天天在外面花天酒地。这样的父权存在就如同动物世界食物链底端父权，如同没有人类父权一样。

三、部落中的父权

部落，是由许许多多家庭共同组成的共同体，为了让这个大家庭和谐团结、幸福安康，必须要有一帮能力强，并且公平公正的人来管理部落方方面面的事情。这群人因此组成具有权威性的父权象征的管理组织，组织成员为部落中德高望重的人，得到全体部落成员的共同信任。部落父权组织主要职责包括保障部落安全，抵御外来侵略，维系和保障每个家庭的和谐稳定，组织全体部落成员进行生产劳动，安排婴幼儿童的抚育和教育工作，以及部落老弱病残的生活安排、防御外来侵扰，并且惩治内部一些违反族规及游手好闲和吃喝嫖赌的人等。

　　如同家庭中父亲一样，这样一个父权组织负责整个部落的计划与管理事务，部落中的生产资源由部落首领按照尊老爱幼的原则予以分配。部落首领是一种公正与道义的权威象征，所以他们能够对集体生存资源进行分配，而这种权威的基础就在于他们过往管理过程中的公平正义，赢得了部落成员的集体信任。部落首领就像一个伦理家庭中的道义父亲，他们的智慧就在于对内部生产力和生存资源的合理安排和分配，如冬天的时候，擅长打猎的人就会多劳动一些；秋天的时候，擅长捕鱼的人会多劳动一些；那些年轻力壮的会安排从事相对繁重的工作，而当年轻人逐渐变老，部落首领就会安排他们从事相对较轻的生产劳动，那些年轻时曾经努力付出的老人，由于年老体弱，就会安排去安享晚年。

　　由于部落首领掌握着生产和生存资源的管理和分配权，因此部落首领必须公平公正，不能有私心。部落首领拥有有强权管理的授权，类同于父亲的强权，如同家庭内部个别孩子调皮捣蛋不听话给家庭带来财产损害从而被父亲惩戒，部落首领会利用强权来训诫和惩戒那些不服从生产管理秩序和不服从生存资源分配原则的部落成员以及其他违法违规的人，只有这样才能够维系整个部落的公正公平、团结稳定。

　　需要强调一点，在部落内部同样存在着生产劳动，以及产品的互换和流动，但是却没有货币。因为在部落内部生产资料分配和生产劳动，遵循尊老爱幼和彼此互助的分配方式，因此不需要货币，而是完全基于对部落管理层的信任。例如，对于未来自己能否老有所依、老有所养这种时间跨度很长的推测，部落民众完全信任部落管理层。他们相信部落管理层会对自己年老或者病残之后有一个圆满的照顾和赡养。因此所有的部落成员，都完全信任部落首领，任由他们管理和分配自己的劳动付出，并且心甘情愿地服从部落首领的统筹安排。此时部落首领的信用等同于一个家庭之中的父亲信用，部落首领的强权管理同样等同于一个家庭内部的父亲强权管理。

四、国家与父权管理

国家的整体是由无数个小集体的家庭组成的，因此家庭与国家之间应该是整体与局部的关系。家庭内部的管理模式与国家的管理模式之间存在着一种可以借鉴和类比的关系。一个家庭之中的父亲，是一个家庭的核心成员，家庭内部管理、生存资源分配、约束家庭内部成员遵循伦理道德的生存方式，均由父亲安排完成。组成社会最小单位的家庭内部和谐之道在于，一家之长的父亲能够辛勤劳动，并且将劳动成果按照尊老爱幼的原则进行分配，那么这个家庭将是和睦幸福的。此时的家长或者父权，可以类比为部落首领和国家管理者。父权管理整个大家庭内部的生存资源分配问题以及生存资源的相互交换、工作的统筹安排等，毕竟每个家庭能够生产的产品和所擅长的劳动技能不一样。只有通过产品和技能的公平互换，才能够让每个家庭各取所需。满足每个家庭的生存需要，这关系到每个家庭内部的稳定，由此上升到国家层面上，所谓的家长（首领或者统治者们）怎样让无数个家庭之间，实现彼此劳动产品的公平互换？

我们认为，国家或者政府存在的意义，就是为了统筹安排众多家庭彼此之间的生存资料公平与顺利的互换，或者每个家庭所体现的生存技能彼此之间的相互支持和互助。政府组织有权利和责任保障每个人的劳动付出能得到相应的回报，保障每个人的劳动产品在与别人的劳动产品进行交换时，能够实现等价或者平等交换。这里的劳动产品，可能是具体的生存资源或者生存技能，也可能是智力工作的付出。或者可以说政府的权利和相关的行政管理工作，就是维护和保障人类世界之中，充满伦理道德模式的商品生产、流通、交换秩序，确保人与人之间的权益平等，即用相应的权利来维系整个国家的每一个成员能够遵循伦理道德的生存行为。

我们相信任何国家的终极治理目标，一定是保障全体公民的公正与平等、老有所依、少有所教、有病能治、人人有房住。这些目标可以在每个国家的法律条款之中有所体现，每个国家管理者都会向着上述目标开展国家治理，不管是资本主义国家还是社会主义国家。事实上，国家治理和家庭管理有异曲同工的效果，因为在家庭层面上，父亲希望每个家庭成员都能够老有所依、少有所教、有病能治，成家立业后有房住，能够得到别人的尊重等。国家治理和政府的意愿，同样是为了保障全体公民能够老有所依、少有所教、有病能治，人人有房住、男女有平等。

因此，国家政权管理如同家庭父权管理一样，要求政府管理者们遵循以下五点基本的职能：

①让广大民众有稳定的工作。家庭收入靠父母，工作保障靠国家。解决广大民众就业问题，是民生之本，是政府当务之急。

②保护民众安居乐业。身强力壮的父亲保护家人不受外来力量的欺负，这是父亲应负的责任；而让广大民众家家都能够安居乐业，也是政府的必要职责。

③义务教育是国家未来发展的根本动力。对不听话的孩子进行训诫，让孩子好好学习，接受学校的教育，让其融入社会，这是现代社会每一位父母对于孩子应尽的义务。对政府而言，教育就像父亲对儿童的责任，它孕育了未来发展的根本动力。

④赡养老人。让每个老人都能够老有所依、老有所养，是每个人类家庭应该遵循的伦理道德规矩。这同样是政府的职责，应该通过政府的行政和法律手段，让社会财富流向养老领域，让每个人都能老有所养、老有所安。

⑤防御外来侵犯。国家武装可以在家庭之中得到追根溯源，应当组织青壮年力量，听从政府和国家的安排，制止内乱和防御外敌侵犯。

综上所述，国家治理与家庭治理有着内在本质的一致性。事实上一个理想的共产主义社会，或者真正意义上的社会主义公有制国家，就是一个伦理道德父权管理下的人类幸福家庭的翻版。因为一个国家唯有按照人类家庭的内部管理模式，国家才能够让绝大多数家庭幸福和美满：让绝大多数的老人老有所依，让绝大多数的民众可以享受社会医疗保险机制带来的福利，让绝大多数的青少年能够少有所教。这些具有长远智慧的生存模式，需要伦理道德的国家父权管理，唯有这样才能够保障一个国家或者民族长盛不衰。其原理在于只有伦理道德的父权管理，才能让社会财富和生存资源达到公平、均衡地分配，才能让绝大多数的家庭成员自出生、青壮年直至衰老，一生的生存适应行为都能够得到合理、稳定的安排和照顾。

中篇　隐形食物链

第四章
父权与所有制

不同所有制父权性质带来的是不同的生存模式，应该说，
私有制自私自利的父权管控实际上类同于食物链的生存。

在第一章中，我们主要是通过对人类意识本质性原理的探索，从而
演绎出语言这一人类进化史上的关键因素，又通过对语言及其本质的探
索，挖掘出人类语言丰富的秘密——伦理互助的家庭氛围，从而对人类
走出食物链的原因，形成一个链条化的系统认识：人类以迥异于食物链
弱肉强食、优胜劣汰的生存法则，组建起伦理互助的家庭。家庭以一夫
一妻、尊老反哺、父权管理为基本生存原则，在这种复杂的伦理生存氛
围中，人类语言得到丰富发展，人类大脑也得到结构性的功能进化，并
且长期伦理共存让人类形成了共性的痕迹性伦理本能记忆，从而使人类
朝着伦理互助的进化方向一直走下去，从食物链中解放出来。如果人类
能够朝着伦理互助家庭的原则，在全社会范围内实行伦理互助的生存，
毫无疑问，人类必然会一直友爱互助，而不会像动物那样进行生存竞
争：弱肉强食，强者恒强，而弱者则可能贫无立锥之地。

不幸的是，人类正面临着如食物链般的生存现实。我们的生存环境
正日益食物链化：世界贫富分化、社会两极分化，正如食物链的金字塔
层级分布，少数食物链顶端的动物牢牢地掌控着绝大多数食物链底端动
物的生死与生存资源，尽管数量众多，食物链底端的动物始终难以挣脱

命运的枷锁，而任由食物链顶端动物的肆意掠杀与竞食。只不过有别于食物链的是，动物世界食物链法则比拼的是综合的生理结构与素质，通过身体力量获取食物链的地位与资源，而人类世界则凭借人为制造的智力差异，通过货币赋值与资本运作的方式来达到弱肉强食、优胜劣汰的目的。可以说，人类世界正是通过制造隐形食物链的方式，如蜘蛛罗网一般，一步步地将社会撕裂，将人与人打上贫与富的标签，让有钱者更有钱，而那些贫穷潦倒的却永远也无法摆脱贫穷的命运。

本章的主要目的，就是要探索和解释人是如何一步步地从人类世界走入动物世界，陷入隐形食物链的悲惨生存境地的，以及探索究竟是什么因素在其中发挥关键性的作用。

第一节　父权与生产关系

一、父权本质

在前几章中，我们对父亲的四种形象，以及父权在家庭、部落和国家中的几种基本职能做了一番了解。在此基础上，我们有必要对父权的实质也做一番清楚明白地研究，以如实、明白地理解这个核心关键的概念。

如上所说，在一个伦理互助的家庭中，父亲是家庭生产的组织者、家庭分配的执行者、家庭秩序的维护者、家庭安全的保卫者。以家国同构类比，部落中的酋长、国家中的政府领导者，也类似于家庭中的父亲，是国家生产的组织者、生产资源的分配者、社会秩序的维护者、国家安全的保卫者。在父权这些职能的背后，实际上隐藏着父权的根本价值和意义，即从根本意义上来说，父权代表着一种大公无私的管控意志与力量。说他大公无私，因为他负责整个家庭的生产与整个家庭的生产资源分配，以及资源的公平整合，让老人和小孩这些非直接生产劳动者都能够参与生产资源的分配，维系着一个家庭内部的平衡；并且他是一个管控者，管控者意味着具有力量的支撑。在家庭内部他可以合理地安排劳动生产，可以进行公平的生产资源分配，可以维持家庭的生产秩序，以及维护家庭的和谐稳定，不受外来的侵犯，这些都是他的管控力的体现。或许我们还可以这样来理解父权的大公无私管控力，事实上父权的存在是为了保障生存资源的公平分配，让老有所养、幼有所教、壮有所用、病有所医、住有所居，这些是维系一个家庭、一个部落、一个民族健康、稳定、平衡发展的基本保障。试想一下，如果没有这种父权的保障，我们中是不是会出现老而不能得其养、幼而不能得其教、壮而不能有所用、病而不能医，住而无定所，即不养老、不教育儿童、普遍失业、生病没人管、没房住等现象的层出不穷，社会上一部分人暴富，而另一部分人挣扎于最低生活线，社会两极分化严重，生存资源的畸形集中，而不是公平合理地分配到全社会，出现国与国的贫富差异、地区与地区的贫富分化、人与人的阶级分层。从这个角度说，没有了这种大公无私管控力的父权，想要维系一个伦理互助的家庭、一个互亲有爱的部落、一个公平合理的国家，如同梦幻，最终只会沦入像动物世界一样的命运之中。

当然，我们说的这种父权，是道义的父权而不是非道义父权，非道义父权也具有强制的管控力，但是却并不是大公无私的，而是自私自利的资源垄断，也正是因为这种自私自利如同食物链顶端动物的父权集中和垄断了绝大多数人的生存资源，让一部分人富起来的同时，另一部分人却永远地禁锢在了社会底层，因为部分富起来人的发财秘密就在于：以同类为食，不是通过集体财富的增加，而是通过集体财富的私人转移得逞的。

二、父权与生产

父权的本质是大公无私的管控意志与力量，这种管控力涉及方方面面。从根本上来说，父权主要体现在攸关人类生存的生产劳动，以及由劳动所自然衍生的交换、分配、消费等各个环节。对这些环节的公平合理管控就形成了父权的基本职能体系。

我们来看看生产环节。人跟动物的一个根本性的区别就在于，动物是纯粹的消费者，并不从事于实体性的生产活动，或者说它们的智力不足以支撑它们完成复杂和有计划性的生产劳动。如一只山羊，它可能在无意间通过排泄粪便的形式，将四处纷飞的蒲公英种子播下，到了季节这些种子就会生根发芽，生长出蒲公英。这样一个自然的过程，山羊在其中扮演了一个促进自然流通的角色，我们不能否定山羊的这种劳动，尽管这种劳动看似毫无自觉性和计划性，但实际上它在无形中也促进了自然界的生息循环，因此也可以算作是一种劳动，但并不是人类的生产劳动。人类的生产劳动是一种带着明确的目的性和计划性的实体性劳动，它是因需而生产，如一个家庭中，需要粮食就安排人手种植粮食，需要衣服就安排人手织布做衣，需要锅碗瓢盆就安排人手冶金打铁锻造器具。可以说，人类历史上的生产都是因需而做，生产的不断进步，生产力的不断提高，本质上是因为人类通过语言记忆功能的进化，将前人的生产经验不断积累，量变质变的结果。父权管控下的生产是带有严密的计划性的，而不会像动物一样漫无目的，而且父权对生产是全局性的计划管控，即他会掌控全局，而不会有所偏废，比如说不会因为今年年成好，就盲目地追加生产，生产单一的物品，而不顾及其他产品的生产。如西方经济学中所说的"看不见的手"，实际上就是市场上的趋利行为，这种趋利行为会让市场上的生产者盲目的追求生产，一拥而上，从而造成资源的浪费。因为趋利行为本身就是一种局部性的认知，即对眼前单一利益的追求让他们没有更多的思维空间留存着思考全局，他们更不可能像父权管控那样从整个生产的大局出发，有计划、有步骤地进行生产活动。后面我们将会讲到在私有制社会，这种趋利性的生产活动的危害性，不仅极易造成生产资源的浪费，其背后的危害性，更是导致经济危机的主要原因。

由生产环节衍生的有交换、分配、消费诸环节。父权管控就是要确保生产—交换—分配—消费这一生产自然循环的畅通和公平合理，因为只有这个自然循环畅通、公平合理，才能使家庭中的每一个成员，国家中的每一个公民能够老有所养、幼有所教、壮有所用、病有所医、住有所居，才能实现民生安乐，家庭才能和谐，国家才能富强。这个道理是十分浅显的，试想一下，如果一个家庭里面的父亲掌管着这个家庭，但是他好逸恶劳，不从事生产劳动，可是因为他有强制性的管控力，他就压迫他的妻子儿女劳动，并且自私自利地占有了所有的家庭财富。他既不养老也不养幼，只给家里人满足劳动最低的生活保障，只要孩子们饿不死就可以了，因为饿不死的孩子们会一直劳动，而这个懒惰的父亲就可以一直占有家庭的共同财富。比之于国家，那些私有制社会中的政府、财团、大资本家，跟这样的邪恶大家长有何区别？靠着强制的管控力，肆意地剥削底下的人民，自己占有集体共有财富的同时，只给那些生产者最基本的生活保障，因为还指望着这些勤劳的劳动者能够为他们继续生产财富。

我们需要明白一个最基本的道理：人跟人是同一个物种，并不是敌我对立的不同物种，不应该像敌我物种一样在人类内部实行生存的斗争，而是应该以互帮互助的形式共同完成生产—交换—分配—消费的自然循环，让每一个人都能够从实实在在的生产和集体社会财富增加中获利。能够帮助人类公平合理地实现这种生产自然循环的，必然是一种大公无私的管控力，而不是自私自利的管控力，这就是我们所一直强调的父权。因为这种父权的存在，我们才能不至于陷入相互竞食生存环境中，才能以人的姿态在生产劳动中实现自身的价值。

三、货币工具

在之后的章节中，我们专门论述货币。在此我们结合父权的本质对货币做一些原则性的界定和说明，以方便读者理解。要正确地理解货币的本质，就需要对父权管控生产—交换—分配—消费自然循环过程有一个基本了解。以家庭为例，家庭中的父亲以一种公平合理的方式组织生产，组织家庭中的子女从事各自擅长的生产劳动，到年底他们会收获一年的劳动收成，即生产出来的劳动成果——集体的生存资源，这种生存资源需要通过交换、分配并且最终消费掉。我们会发现在家庭中，我们不需要货币，因为家庭中的生产、交换、分配等是通过父亲的信用体系建立起来的。父亲说的话大家都听、大家都信，所以在交换和分配过程中，如果父亲说"这担谷子是老三的"，那么老三就拥有了这担谷子的所有权和使用权，这是实实在在的生产产品，也就是说父亲的话等同于这担谷子。这个时候不需要货币，如果要用到货币，如老三拿着父亲写着"这担谷子是老三的"的条子给老大看，这里的条子就相当于最初的货币替代物，它一方面是用来代表父亲的信用，另一方面是表示这种信用所代表的实实在在的生产产品，这是父权对简单形式的生产—交换—分配—消费自然循环过程的管控。以此类推，随着自然循环的负责化，货币也有逐层的变化，乃至最终变为信用特征的纸币。简单概括，即在家庭这种简单形式的生产—交换—分配—消费自然循环过程中，基本不需要运用货币，父亲的话相当于货币功能；而在相对复杂的部落生产—交换—分配—消费自然循环过程中，逐渐出现了贝壳、铜、铁、金、银等实物货币，这些货币以部落信用为基础，代表实实在在的生产产品，并且自身就是实实在在的劳动产品；在十分复杂形式的国家生产—交换—分配—消费自然循环过程中，出现了以纸币形式为主的信用货币，本身价值极低，以国家主权信用为保障。

在这样一个伴随生产—交换—分配—消费自然循环复杂化的过程中，

父权对这一循环的管控也是相应变化的。为了更好地管控这一自然循环，我们发现"父亲的话"不断地物化，并且成为一种促进生产自然循环的良好工具，这就是货币的全部秘密，即货币在本质上代表的是父权的一种管控力，它是用以促进生产自然循环的便捷工具，本身代表着父权的信用，并且具有实实在在的劳动产品价值。概括起来，就是三个内涵，即父权信用、实体价值、循环加速工具。货币行使了父权管控促进生产自然循环过程速率优化的职能作用，即为了在十分复杂的生产自然循环过程中加速产品的交换、分配、消费速率，货币充当了让整个生产自然循环过程"流通起来、活起来"的作用。简而言之，它加速了生产自然循环的流通过程，这样的过程是能够促进民生福祉的财富生产与分配过程，而它之所以能充当这种作用的前提就是它代表着父权信用，以及它本身具有实实在在的劳动产品价值。作为父权信用，代表着每一张纸币的背后都有着国家父权管控力的保障，这种国家父权管控力既有法律上的支持，也有军队武力上的保障。

需要指出的一点是，货币的实体价值随着信用纸币的发行而逐渐为人所淡忘。事实上，纸币只是货币的一种价值符号，而只有金、银等本身具有实实在在劳动产品价值的货币才是真正的货币。换句话说，用金、银货币进行产品交换，我们得到的是实实在在的产品价值；用纸币进行产品交换，我们得到的是国家对产品价值的一种承诺。如果国家信用崩溃，那么纸币将一文不值。之后我们将要论及的美元霸权，就是自私自利父权管控国家滥用信用货币，对全世界剪羊毛的一个案例。之所以能够得逞也正是因为美元根本就不是真正的货币，它早早就已经跟黄金脱钩，不代表真正的劳动产品价值，只是美国政府以债务抵押的国家信用符号而已。当然我们也知道美国这种自私自利父权管控国家的信用是不值得信任的，因为他们奉行的从来都不是为人民服务，而是为私利资本家服务。具体部分，我们在后面将详细论述。

第二节　所有制

在生产关系中，依据对生产资料的拥有者的关系，产生了所有制问题。通过对历史的考察与判断，关于父权与所有制关系，我们发现公有制是大公无私父权管控的集中体现，而私有制则是自私自利的父权管控象征。

一、公有制与私有制

关于所有制，稍微有些经济学基础的人们应该都知道，它指的是社会生产过程中发生的一种生产关系。更直白地说，就是生产资料的占有问题，即用以社会化生产的生产资料到底归属于谁，谁又能从中获取利益跟好处的一个问题。以家庭为例，家庭中每一个成员都各有所长，并且都拥有各自的劳动生产工具，父亲拥有捕猎用的猎枪，母亲拥有织布用的织布机，大儿子拥有捕鱼的渔网，二儿子拥有打铁的铁架子。猎枪、织布机、渔网、铁架子等这些都是家庭里面的生产工具，用这些生产工具生产出来的结果就是生产劳动成果，对生产工具及生产劳动成果的不同分配方式决定了不同的所有制形式。仍以这样一个家庭为例，如果所有这些生产工具都分别归属于不同的家庭成员，即父亲拥有对猎枪的所有权，大儿子拥有对渔网的所有权，二儿子拥有对铁架子的所有权等，那么他们就相应地拥有自身生产资料生产出来的劳动成果的所有权，即父亲拥有猎枪所捕获的猎物的所有权，大儿子拥有对渔网捕获的鱼的所有权，二儿子拥有铁架子生产的铁的所有权等。这种人人都拥有各自生产资料与生产劳动成果的所有权形式就是私有制，即人人各自为政。在这种私有制生产关系中，父亲相应地就不能拥有对大儿子捕获的鱼、二儿子生产的铁、母亲织的布料的所有权与使用权；还有一种情况，如果年成不好，海难频繁，那么大儿子就可能丧失出海的机会，会因此无法进行捕鱼生产，就有可能饿肚子；又或者面临战争，需要非常多的铁，二儿子会因为打铁而获得了极大的生存资源，这样大儿子与二儿子不可避免地就会产生一种贫富的差距，而为了生存下去，大儿子极有可能会把自己的渔网贱卖给二儿子，从而自己成为无产者，二儿子从此拥有渔网和铁两种不同的生产工具，造成种种情况不等。我们发现，在私有制的生存分配形式中，存在着一种不确定性和风险性，即生存资料的私人占有它已经潜藏着一种集体生产资料私人集中的风险，并且因为这样一种私人集中并没有一种伦理互助的基础，因此会导致严重的贫富差距，并且由于他们选择了私有制，所以相应的规范与力量就必然维护私有制机制的运行，而不会说有其他的调节力量来强力地扭转这样一种不公平的局面。为打破这样一种不平等的利益集中，历史上不乏的是农民起义与各种变法改革。

二、公有制是大公无私父权管控的集中体现

我们说公有制是大公无私父权管控的集中体现，是因为公有制的父权是一个集中、统一并且遵循伦理互助精神的道义父权象征。以上面的家庭为例，父亲、母亲、大儿子、小儿子等共同组成了一个伦理互助的家庭，在这个家庭中，他们是血缘共同体、生产共同体、命运共同体。他们血脉相连又风雨同舟，家庭中的织布机、渔网、铁架子等生产工具，并不是归属于某一个人所特有，而是归属于这个伦理互助的"家庭"，而家庭是一个集体的概念，必须要有个现实的管理者和执行者来落实对家庭集体生产工具的使用，这个角色就是父亲。作为公有制的代理人，父亲负责统一管理和分配生产资料与生产劳动成果，他根据家庭成员不同的特长来分配生产资料，并且对生产劳动成果进行公平合理的分配，即使说大儿子因为年成不好，丧失了捕鱼的机会而有可能面临饥饿的风险，

但是伦理互助的家庭不会让他因此受饿，也不会因此说没收他的生产资料。因为从根本上说，他们只是根据自身的特长来获取对生产资料的使用权，生产资料至始至终都是伦理家庭的所有物，不归属于任何一个人。每个人都公平地享有家庭生产资料的使用与生产劳动成果的分配权力。遭受到的损失，会根据家庭中尊老爱幼、调配互助的形式予以解决，从而避免了如私有制下大儿子贱卖生产资料给二儿子，就会避免出现大儿子与二儿子的贫富差距问题。

父亲的管控始终都是围绕着家庭内部的公平与合理，保证家庭中每一个成员都能公平地得到生存资源。首先，在组织生产方面，父亲会合理地安排生产，给予家庭中成员各自相应的生产工具，从事他们各自擅长的工作，等到收成时，会对生产劳动成果进行公平的分配，不会因为各自收成地差异而有区别性的对待。因为说到底，他们只是分工上的不同，在家庭大生产环节中他们各自的分工岗位有差别，但是他们为此付出的劳动是等差无二的。即便说，家庭中的某些成员因为自然因素或者人为因素而导致收成亏损，也可以由父亲通过统一调配、互帮互助的形式予以克服解决。对家庭中老人和小孩等因身体原因不能参加劳动的家庭成员，家庭中的父亲也会给予他们一份生存资源。这一点跟动物世界有着本质性的区别。在动物世界，何曾见过尊老、敬老、爱老、养老的情景，但是人类家庭遵循的是伦理互助的精神。因为人类家庭实际上是一个长时间的互帮互助系统，以血缘关系为纽带，过着你养我小、我养你老的伦理互助生活。动物遵循的是当下、即时的生活原则，它们眼里没有过去也没有未来，只有当下眼前的生存利益，而人类则有着过去、现在、未来三个维度。在家庭中的那些老者，过去曾经是父亲、母亲，家庭中的小孩是未来的父亲、母亲。如果像动物一样只图眼前利益，为了节省生存资源，可以不给老人和小孩生存资源，但是如果是这样的话，我们也不会由动物进化成人。所以说，如果离开了家庭生存模式，我们都不配称为人类物种，因为每个人只有经过家庭生存模式的熏陶，才称其为人。家庭中，维系着伦理互助精神的就是父亲的父权管控作用。

部落、国家间的公有制父权管控基本原则也是如此。因为部落与国家就是放大了的家庭。比如说部落，部落中 A 家庭负责种粮食；B 家庭负责生产农具和家庭日常用品；C 家庭有一辆马车，专门运输各类物品；D 家庭织布；E 家庭负责部落生产管理。这五个家庭构成了基本的部落模式，公有制父权会组织他们生产劳动，保障他们顺利交换，并对他们进行公平的分配。在分配过程中，还有部分生存资源是用于养老和儿童教育的，因为老人和小孩代表着过去的父母和未来的父母，基于一种长期信任的伦理互助精神，必须给予他们生存资源，让他们能够老有所养、幼有所教。

国家中的家庭数量，则由五户变为多户，社会化大生产规模更大，组织形式更加复杂，但是公有制父权政府遵循的依然是家庭中的伦理互助精神，尊老爱幼，保障生产交换的顺利进行，保障社会分配的公平合理，保障老人小孩都能得到生存资源的反哺，保障所有家庭中父亲都能得到一份稳定的工作。因为父亲是家庭伦理互助的维系者，每个家庭事实上只能够有一个主要劳动力来服务于国家，并且进行生产劳动。因为每个家庭内部都会有小的和老的，都等着每个家庭当中的父亲来抚养。因此，每个家庭当中的父亲尤为重要，现实中父亲出了事情，那么则意味着这个家庭的"天"塌下来了。另外需要说明一点，在公有制国家中，企业分担了部分家庭的生产交换平台职能。企业内部遵循尊老爱幼的基本精神：年轻人多干；老年人少干，或从事管理，退休了领取单位的退休金。在公有制社会经济与法律制度下，任何国有制企业内部，包括国家内部，都是给企业员工提供了生存资源互换的平台。因为任何一件劳动产品，都是人类互助的结果，人类的任何生产劳动都不可能脱离生产互助。例如伐木工人，他要穿衣服、戴手套、吃粮食，他自身的生产劳动包括劳动成果，都蕴含将来要与别人进行互换，来满足自己衣食住行方方面面资源需求的互助结果。

总的来说，公有制父权管控就是为了确保国家内部整体的一种公平有序，没有明显的城乡差异、地区差异、行业差异，以及体力、脑力差异，让老有所养、幼有所教、壮有所用，让集体的劳动生产成果能够公平合理的分配。

三、私有制是自私自利的父权管控象征

如果说公有制是大公无私父权管控的集中体现，那么私有制就是对这种大公无私父权管控的根本否定与消解。公有制就像一个由道义父亲主持的伦理互助家庭，里面的生产、交换、消费、分配等都是按照伦理互助的形式进行。即便是面临突如起来的生产困境，也不存在说放弃对家庭成员的救助，并且在这样一种制度下，家庭成员能够得到一种协调的发展，而不是你贫我富的差异性发展，并且生产资料和生产劳动成果不会被少数人所掌握，只会牢牢地掌握在大公无私父亲的手中，根据伦理互助的原则进行生产与分配。私有制是对大公无私父权管控的根本否定，因为大公无私父权管控代表着一种伦理互助根本原则与力量，他的存在就是为了调整不合理的生产与分配，而私有制则有意无意鼓励一种生产资料的私人集中，对拥有生产资料者而言，总是希望能够得到更多的生产资料，以满足个人的自私自利欲望，因此采取种种措施，其中就有许多不道德、不公正的手段。

事实上，只要我们考察一下私有制的生产—交换—消费—分配生产自然循环过程，就会知道为什么说私有制是自私自利的父权管控。在私有制条件下，生产资料掌握在大资本家和大地主阶级手中，因此生产什么以及由生产所带来的利益分配，都是这些大资本家和大地主阶级说了算，生产劳动成果的分配是劳动者付出 100% 的生产劳动，换回来的只有少的可怜的维系生存必须的生存资源而已，绝大部分的生存资源被生产资料所有者占用。这些大资本家和大地主阶级利用对生产资料的占用，

形成了对劳动者的强制管控：为了维系一个家庭的生存，其中的主要劳动者，即家庭中的父亲不得不忍受压迫和剥削。想一想，每一个劳动者父亲的背后都是一个有老有小的家庭，对这些劳动者父亲的剥削就是对整一个家庭的剥削。所以在私有制社会，因为生存资源的畸形集中，必然存在着严重的两极分化现象，一部分人极端富裕的背后是对绝大多数劳动者的剥削，那些占有生产资料的大资本家、大地主事实上就如同食物链顶端的食肉动物，他们的庞然身躯，并不是吃素吃出来的，而是血淋林的食肉行为转化而来的。

第三节 公有制计划经济

一、计划经济是性价比最高的经济模式

如上所说，公有制实质上是大公无私父权管控的集中体现，公有制所采取的经济模式实际上就是计划经济。所谓计划经济，是一种由父权组织统筹管理与安排的经济模式，它的突出特点是规划性、伦理互助性、均衡性、长期性等。

第一，规划性。计划经济，顾名思义，它首先是一种有合理安排与整体规划的经济模式，它是对全体国民的一种合理安排，让擅长冶金的去冶金，让擅长电气化操作的去电气化操作，让擅长管理的去管理。做到人尽其才，人尽其用，让有一技之长的人有岗位发挥自身的特长，不会因某一行业的无序竞争而影响整个国民的生产生活秩序。实际上，人跟动物的本质性区别就在于人能够从事一种具有长远逻辑的规划性的生产劳动，作为一个整体的规划性的生产劳动，它实际上是基于对全局的

总体把握和认知基础上的行为，它是因需生产，而不是因利生产，在私有制市场经济中，因利生产所导致的市场混乱，资源浪费等现象，在有规划安排的生产活动中可以得到有效的杜绝。

第二，伦理互助性。大家一般会认为经济的目的就是谋利，这种观念实际上是颠倒因果，应该说经济的过程是谋利，而经济的目的与指向是国家共同成员需要的满足，并且在部分成员遭受不幸的时候，还应该予以相应的帮助，如 A、B、C、D、E、F……等地区：A 地区年生产劳动成果是 100 个单位，正好满足地区内部的需求；B 地区年生产劳动成果 130 个，除了满足当地内部需求外，另外还有 30 个盈余；C 地区因为天灾人祸，没能完成年 100 个生产劳动成果的指标，只有 50 个，还缺额 50 个。如果按照私有制，大家各顾各，地区跟地区之间，部门跟部门之间，都是各负其责的，并没有义务去救助其他地区或单位，但是公有制计划经济是大公无私父权管理下的互助经济，它不会放任 C 地区当年的自生自灭，而会通过其他地区的互助来渡过当年的困难。同理，等来年 A 地区或 B 地区有困难了，其他的地区也会予以相应的帮助，以解决它们的困难。有来有往，互帮互助，共同抵御风险。当然，这种互助是通过大公无私父权管控组织来实现的。

第三，均衡性。均衡性是说国家国内内部各地区、行业的各部门及人与人之间都是公平平等的，彼此之间没有拉开明显的经济差距，以及在此基础上的地位差距、待遇差距等。计划经济条件下，人与人之间生存劳动分配公平合理，生产资料归公，以此杜绝了通过私人占有生产资料实现财富集中的目的，人与人之间享有公平平等的待遇。各行业之间，也只是分工的不同，并不存在高低贵贱，以及明显差异化的报酬分配；而各个地区之间，因为没有私有制的利益驱动，不会形成财富的差异化集中，出现 A 地区好 B 地区不好的现象，各地区的差异主要为地方文化特色的差异，并不会因此形成财富差异。

第四，长期性。计划经济是一种长逻辑、富有信任关系的经济。国家内部的生产关系、交往关系都如同在一个伦理家庭中一样，有一种长期交往的信任感。因为人与人之间、行业与行业之间、部门与部门之间、地区与地区之间，保持着一种均衡性与互助性，所以他们在交往时不会选择欺骗与欺诈，因为长期的共同生活让他们知道欺骗的代价太大，他们不会如此愚蠢去选择欺骗，如果真的这么做了，无疑他们将在今后的人生中背负沉重的违约代价，以至于甚至无法在这样一个伦理共同体中谋得生存。因此也只有公有制国家，得益于大公无私父权的集中和管控，才能够准确全面地实施一些超预期长期的计划，如我国自新中国成立以来的五年规划等。如果在私有制社会，则会产生种种不确定性，因为私有制下的父权是自私自利的父权，并且这种父权并不统一，是分散的，所以带有种种的不确定性。

综上，我们可以说，实行计划经济的公有制才是人类得以长久发展的生存模式，公有制整体性的计划经济可以兼顾每一个人类个体的利益，可以实现社会各方面的均衡发展。可以保障和实现社会财富的全民共享共有，保障绝大多数的社会财富向绝大多数人的医疗保险和社会教育以及养老的领域流动而不是两极分化，公有制的实质就是为了维护和建设民众集体性的长远利益。由衷说一句，唯有公有制社会生存模式才是人类正确的生存与进化模式。

二、对计划经济误解的辩驳

当然，鉴于历史上曾经出现过的计划经济模式的挫折与实践，让很多人错误地判断了计划经济，如国内一知名学者认为计划经济会遏制经济的生机。先看看他所说的：严格的计划经济，就好像在水缸里种树，缸与缸之间彼此隔绝，根不能连着根，藤不能缠着藤，枝叶不能勾着枝叶，中间的全部营养交换只能在严格的计划规定下进行，貌似郁郁葱葱的一大片森林，但却形不成具备进化功能的生态环境。在这种刻板的人造森林中，杂草不能生长，花儿不能绽放，小鸟被限制飞翔，动物需分类圈养，狼虫虎豹绝迹，蛇鼠孢獐遁形，自然所赋予的物种之间内在的联系被人为割裂，这样的森林当然缺少生机，这种大山自然缺乏物产。如果计划不能赋予社会中各类人群以本能的生存动力，那么短缺就只能是计划经济的必然结果。

如果没有深刻理解计划经济的本质，我们或许会迷惑于这样的论述。上面的论述，一是说计划经济之间是机械的联系；二是说计划经济管得太死，人事物都有所限制；三是说计划经济不能激励经济生产的动力，而统归起来就是计划经济会遏制生产力的发展。

我们并不认可这样的观点，这种只看到了计划经济弊端的说法，实质上却并没有摸到计划经济的本质。他们所认为的计划经济不能激励经济动力，而他们潜意识里的这种动力实质上就是贪婪的人性原动力，这里面潜在的逻辑即，如果实行完全的计划经济，那么人性中贪婪的原动力势必会被限制，也就是所谓的计划不能赋予社会中各类人群以本能的生存动力，而他们丝毫也没有提及这种人类本能的生存动力释放之后的可怕后果，以及人类在这种原动力释放之后付出的血与泪的代价。

公有制计划经济有着深刻的人性基础。我们认为人类物种是从少数人类祖先繁衍出来的，人与人之间有着共性的祖先，有着相同的基因和密切的血缘关系，有着相同的需求和欲望。简言之，人类有着共性的心理和生理。人类除了语言和肤色的差异，事实上存在着太多的共性，人与人之间，世界上的每个人之间，都应该是一脉相传的共同体，我们的根是相同的。为此，人类彼此之间，包括家庭与家庭之间，甚至国家与国家之间，都不应该存在竞争、剥削、博弈、压迫乃至战争，人与人彼此之间应该像家人和远亲一样，包括社会管理，也应该像家庭内部管理那样，每个人的生存权益均被兼顾到。国家管理也应该如人类的家庭伦理互助系统，在家庭里，我养你小，你养我老，互帮互助，共享共荣。实施计划经济的公有制国家，就是一个伦理互助的生态系统，这种生存模式下，人类世界将变得安定、团结、友好、互助，而不是如动物般的肆意欺凌与压榨。

我们再来看看所谓能够激发人类本能的生存动能具体所指，实质即私有制的经济模式，因为在私有制经济模式下，人可以充分地发挥他原始本能的贪婪欲望，可以充分调动他们的生存动能，以之谋利，无往不利，而结果就是在国与国之间、人与人之间直接造就食物链的生存模式，让一部分人类成为另一部分人类嗜血的食物。

第四节　私有制是食物链竞食

一、私有制历史

人类历史有着数百万年的原始共产主义社会时期，随之而来的却是人类的私有制历史，纵观人类社会，私有制历史可以划分为奴隶制阶段、封建土地私有制阶段以及资本主义私有制阶段。

第一，奴隶制阶段。奴隶制是人类历史上最为邪恶与残忍的私有制形式之一。在这种制度下，那些因为战争失败被俘、负债、犯罪，乃至无辜被强迫为奴隶的人们，将不得不被剥夺"人"的资格，成为奴隶主的一件动产，作为动产，他们所从事劳动的所有成果都将无条件地归属于奴隶主，好比是一头羊，身上的一切归属于主人，哪怕是繁殖生育的后代也无偿地归属于主人。主人对他们有任意处分的权力，可以辱骂、殴打，乃至不用担负任何法律责任的肆意杀害，因为杀害他们就像是打破一副碗筷一样，只是自身财产的损失，而不是对平等人类生命权的剥夺。之所以杀害奴隶不用受到任何的处分，是因为奴隶制形式下的私有制社会，其法律与军警力量也都是服务于这样一种私有制利益的，即他们从最高层次的法律规定了：奴隶不是人！奴隶只是主人的一件物品，一件可以产生免费劳动成果的廉价物品而已。从古罗马、古希腊、近代欧美的殖民奴隶，乃至如今或显或隐的奴隶现实，人类受祸于奴隶制，怵目惊心，不忍细说。

第二，封建土地私有制阶段。奴隶制主要以人身的依附与奴役作为主要的剥削手段，封建土地私有制则以相对自由的人身进行土地生产为主要盘剥形式。在人类劳动生产力还相对落后的历史时期，农业文明是人类主要的文明形式。在这样一种文明形式下，土地就成为人类进行劳动生产与获取生产劳动成果的主要生产资料，谁拥有了土地，谁就拥有了可以支配他人的权力和相应的利益。因此在这样一种形式下，经常发生的一件事儿就是土地兼并。那些拥有行政权力者、拥有军事力量者或者拥有裙带关系者，通过变相划分、巧取豪夺、增加税负等种种手段，实现在一个国家内的土地聚集与地税增收，剩下那些拥有少许自耕田的小农，以及无地可耕的贫农，以微薄的收入，供地主肆意盘剥。

第三，资本主义私有制。资本主义私有制是以资本掠夺的形式来实现剥削的。现代科学社会主义学说创始人马克思在《资本论》中说：资本来到人世间，从头到脚，每个毛孔都滴着血与肮脏的东西。之所以这么说，是以血淋淋的近代资本主义历史为根据的。可以毫不客气地说，近代资本主义历史就是一部吃人的血肉史。让我们来考察英、法、美、日等一些资本主义强国，看看他们是如何的面目狰狞。

在资本的原始积累阶段，英、法、美、日等资本主义国家，充满了血腥和不道德。如英国对内实行圈地运动，以法律手段强制将农民从土地中驱赶，让他们成为无家可归、无地可种的无产者。对外实行海盗抢劫、强制贸易、殖民侵略、贩卖奴隶等手段，积攒了罪恶的第一桶金；法、美、日与英国旗鼓相当，对内盘剥农民，对外殖民侵略，如为了资本发展，美国人大肆屠杀印第安人，在南方诸州实行奴隶制；又如日本，也是通过侵略发家。甲午海战后，日本逼迫清政府签订《马关条约》，勒索两亿两白银；后借口交还辽东半岛勒索三千万两；又以威海卫守备费的名义勒索一百五十万两；八国联军侵华时，日本人乘乱从天津吏部抢得白银三百万两；其他强盗行为罄竹难书。这些资本主义私有制国家将抢得的真金白银，用以更新自身的工商业基础设施，修条路、建钢厂、完备军事力量，并将海外广大的殖民地作为他们的狩猎场，将国内外善良的人的血泪作为他们积累资本的工具，比之奴隶制与封建土地私有制，资本主义的原始积累，酷烈程度有过之而无不及。

二、私有制与技术革命

在这里有必要讲一下私有制跟技术革命的关系，因为只要接着看下去，读者就会发现，在私有制社会，技术革命在某种程度上变成了社会两极分化的助推器，少部分生产资料的拥有着借着最新的科学技术，在人与人之间进行分化，造成了人的等级化差异。这里面的基本道理，只要仔细地阅读过全书第一部分关于意识与语言的本质就不难推论：人是以语言为生的动物，语言本身代表的不单单是简单的语音、语序、语汇地逻辑链。语言的实质是所有曾经生存过的人类集体生存经验的储藏库，它本身代表的就是一种生存经验。人类可以借助语言工具，不断外化、物化语言生存库中的生存经验，即人类通过语言可以变得像鸟一样自由飞翔，像鱼一样海底遨游，也可以像猎豹一样迅捷，当然这种外化、物化的形式并不是在自身器官上的显性改变，而是借助外置式的工具系统实现经验的外化、物化，如飞机、潜艇、跑车等。从这个角度来说，这些飞机、潜艇、跑车实质上就是人类的外化器官，因为它们让人类拥有了其他物种所能拥有的结构功能。

技术革命，也可以从上面的基本原理中得到实质性的推论。从根本上说，技术革命就是人类语言系统自我更新的一种量变质变结果。那些涉及推进人类生产的思想、方法、活动被称之为技术，技术革命也就是这些思想、方法、活动的一种丰富和升级。在私有制社会，不同阶段会有不同的技术革命创新活动，用新技术淘汰旧技术，新的管理方式代替旧的管理方式。不同时代更迭，从本质上说，也同样是技术革命的更新换代。这种更新换代意味着，用一种新的、更好的、更系统完善的语言体系代替旧的、不符合时代的语言系统，因为语言系统并不是简单的几个词组成的，它的背后事实上是人类的生存经验，也就是说，随着人类生存经验的不断丰富，语言记忆功能的不断使用完善，推进人类生产活动的技术也必然要随之发生变化和升级，变得更加便捷高效，更加适合生产活动。人类迄今为止的四次科技革命，无不是如此，如 18 世纪末以蒸汽机发明为代表的第一次科技革命，19 世纪末以电力发现和使用为代表的第二次科技革命，20 世纪中期以来，以电脑、能源、新材料、生物科技为代表的第三次科技革命，以及近十年来以互联网＋、人工智能为代表的第四次科技革命，一次次的更新换代，实际上都是在生存经验极大丰富基础上的量变与质变。技术革命蕴含着意识形态的变更，在以蒸汽机为代表的工业革命实践中，倡导的必然是蒸汽机的价值，同样，有什么样的技术革新，就相应地会有什么样的意识形态。

在明白了技术革命本质之后，我们再来看看它与私有制的关系。我们可以用一句话来概括，即人跟人本来是同一个物种，但是在私有制社会，占有生产资料的少部分人利用科技革命的成果成功地实现了人跟人的种间分化，让少部分人能够合理、合法地剥削绝大多数人。这个道理很简单，因为科技代表着最新的一种生存经验，只有少部分人能够掌握了这种最新的生产经验，并且这种本来是一代又一代人不断努力和辛勤实践得到的集体生产经验财富，在私有制社会中被私有化了——科技专利，想想是不是很可笑的一件事情，所有的科学专利从来都不是某一个人凭借其智力创造出来的，它必然是一代又一代的生存经验积累，才有了如今的成果，所谓的专利就是在无数前人集体劳动的基础上略做调整，变成了发明，这样本来集体财富变成了私人用以牟利和分化的工具，也就是这样科技就变成了助力社会分化的推进器。试想一下，如果是在公有制社会，这种事情可能吗？用集体创造的科技牟取一己的私利，并且美其名曰专利，专自己的自私自利而已。

三、私有制的本质

结合上面两层，我们再来看看私有制的本质。通过以上简要的历史回顾，以及私有制科技专利问题，我们可以断言：私有制，本质上就是食物链的竞食。食物链的法则就是谁落后谁挨打，大吃小、强凌弱、众暴寡。一如我们上面所说，私有制是自私自利父权的象征。大家想想看，在动物世界，你可曾看到有一个伦理互助的父亲会为你主持公道，会为你遮风避雨，会为你守望相助。动物世界的父亲角色，要么如食物链顶端动物那般依靠强权与力量来实现征服与杀戮，要么如食物链底端动物那样唯唯诺诺，不能承担起父亲的职责，保卫家园。对比私有制国家与社会现实，我们是不是在动物世界中能看到几分熟悉的情景：国与国之间，那些相对落后文明的国家会被所谓相对文明的国家无情的掠食；在一国之内，那些有强势与力量者又以相对弱小者为食，乃至各部门、各行业、人与人之间，无不如此，相互竞争，相互竞食，强者生，弱者亡，如动物世界。

私有制事实上就是一种食物链竞食的生存模式，在这种生存环境之下，处处存在着盘剥与欺压，有类于动物世界的食物链，当然人类世界又有其独特之处。我们先来说说相同之处，动物世界是一个等级森严的食物链层级世界，其中有各类食草动物、小型食肉动物、大型食肉动物，以及食物链顶端的少数动物。在这样一个世界里，大家遵守的基本规则是强吃弱、大吃小、众暴寡。动物世界的层级是在数千万年的历史不断淘汰和进化中形成的，轻易无法改变，如老虎生下来要吃牛、羊、鹿等，兔子生下来就知道害怕豺狼虎豹。所以动物世界是以自身的力量作为最大的工具来欺压其他动物，力量大的有饭吃，力量小的被吃。私有制中的前面两个阶段比较突出地体现了这个特点，如在奴隶制和封建土地所有制中，奴隶主和大地主一般都有自己的武装，能够用强大的武力来慑服其他弱小的人民，让他们沦为私有制的附属品，成为自己鱼肉的工具。之所以在原始奴隶社会和农耕社会主要是通过武力的方式抢夺，是因为在科技相对落后的社会里，只能通过实实在在的本能性劳动才能够生产出真实的生存资源，不像在科技高度发达社会，可以通过科技分化手段，实现价值分化。如在私有制资本主义社会，人类正是借助于智力、科技等手段，进行对本能性劳动的盘剥。

不论是以武力的方式，还是以智力、科技的方式，私有制盘剥的秘密就在于它是建立在一种食物链层级分化基础上的行为。所谓食物链层级分化，在动物世界它是指经过千万年进化的一种自然选择与分化过程，由此形成了食物链等级森严的食物链结构层级；对人类世界而言，它更多是指通过人类人为的一种建构，创造如食物链般等级森严的食物链生存环境，以此便于大吃小、强吃弱、众暴寡。以食物链层级分化为基础，人类在国与国之间、国家内各阶层之间、各行业各部门之间，以及人与人之间构建了大大小小无数个如动物世界的食物链，只是这种食物链不轻易为人所知，且并非如动物世界般直接吞食，所以我们称之为隐形食物链。

下面，就让我们一起来仔细考察这嗜血的隐形食物链是如何一步步成形的。

第五章

隐形食物链的秘密

　　隐形食物链其实就好比是蜘蛛精心布置的罗网，它是一步步精心织就的，并且它是由一系列因素综合构成：首先是对人类智力本质的扭曲使用，其次是劳动异化，加之意识形态工具，最终以货币赋值的形式，到达流通领域，完成价值掠夺。

第一节　人类的食物链层级化

一、智力差异

　　人类食物链层级化首先表现为人在人类内部催化了智力差异。在意识篇中，我们曾就人类智力问题有过探索。所谓智力，它是一种用以认识世界和改造世界的一种能力。这种能力的形成依赖于人类语言的极大丰富，因为语言是生存经验的载体，通过学习和掌握语言，实际上就等于掌握了人类始祖以来的历史生存经验，人类智力因此极大提高。语言的丰富，不是自私自利的产物，自私自利的动物并没有进化出丰富多样的语言符号功能，反倒是采用伦理互助的人类，因为家庭这一复杂伦理互助的生态系统，对语言的丰富起到了决定性的作用。

人类所有智力活动，都是在前人大量积累的生存经验基础上，进行复杂思维模式的重新整合与发展的过程，都是起源于人类家庭这个复杂的生存互助团体。人类智力的丰富与发展，让人类进化的速度远远超过了动物。动物世界的进化是在弱肉强食、优胜略汰的食物链生存模式下的自然选择，通过一代代的积累和一代代的传承，从而得到微弱的生理功能改变和生存适应能力的增强，并且动物新功能的出现最终也仅是以动物的生理与组织结构的变化为依托和特征。人类的进化是将前人遗留的生存经验，储存在语言和文字之中，通过后天学习，从而很快地掌握自己所需要的生存经验。直至掌握得非常熟练，将文字之中的生存经验直接变成帮助自己生存适应的新功能。人类通过语言，掌握了整个生态系统的结构与功能，如我们有可以翱翔于星际的宇宙飞船、各类飞行器，也有可以穿梭于地球各端的种种交通工具，还有能在海里畅游的潜艇，这些都是我们通过学习生态系统内部各类生物的结构与功能而获得的新功能。换句话说，某种程度上，人既可以是鸟，又可以是鱼，还可以是豹，虽然我们的生理结构与功能没有改变，但是我们通过语言生存经验的学习，掌握了生态系统里其他物种的种种新功能。

人类这样一种进化，本来是可以极大促进人类发展，但事实上却受到了人类内部生存方式的影响。在公有制大公无私父权管理下的社会模式里，人与人之间友好互助，采取公有制计划经济，各个行业各有所长的人就可以在父权的管理下，发挥所长，人人平等，没有智力与职业的差异，只有兴趣和能力的不同，劳动成果公平分配，共同服务于人类集体的互助生存，所有人都过着一种温暖、合理、公平的社会生活；但是私有制社会却利用人类的智力、利用现代科技，制造种种的差异，从而出现人与人的差异与不平等，人类社会出现如食物链的层级化。因为在私有制社会，拥有生产资料和权势的一部分人，可以利用新技术、新科技、新发明等科研创造，甚至借用新金融来进行明显地智力价值的划分，从而让一小部分人成为食物链顶端的动物，而绝大多数人则成为食物链底端受压迫与受奴役的动物。私有制社会，智力差异已经成为人类食物链层级化的新工具。事实上，人与人之间并没有明显的智力差距，但是食物链的构建必须借助这种智力差距才能够进行相应的价值分化，否则又拿什么借口来形成人与人之间的生存价值差距呢？

二、劳动异化

智力差异演变成本能性劳动与智力劳动的差异，是人食物链层级化的关键所在。人之所以是人，相对动物而言，最大的区别在于人是能够生产劳动，并且是具有预期性与远见性的计划劳动，动物世界的动物没有计划性的劳动。动物是纯粹的消费者，即在生态系统中它们主要是消费者，而不是生产者。以此类比，那些不从事劳动的人类，某种程度上说就像是动物世界的动物。人类劳动，其目的和本质是为人类创造各种生存所需的资源，满足衣食住行各方面的综合需要。人类劳动是一种很复杂的互助过程，随着人类智力丰富与差异化之后，出现了人类本能性劳动与智力劳动的一种异化。

我们需要先明白何为本能性劳动、何为智力劳动。所谓的人类本能性劳动，是指从事生产那些能够满足我们日常生活需要、涉及体力的一种劳动，如农业、种植业、制造业等；而所谓的智力劳动，指的是那些涉及脑力工作，需要反复思考总结，并用以帮助人类生存适应的劳动。

我们发现，其实本能性劳动与智力劳动并没有判若鸿沟的一种差异性，只是在后天人为刻意的引导与宣传下，才产生了巨大的差异性与异化。我们以看似简单的种田为例，种田需要涉及复杂的农业知识，如需要知道什么时候育种、什么时候除草、什么时候收割，遇到虫病灾害需要怎么处理等等，这些都涉及智力活动，而之所以被视为本能性劳动是因为这些劳动中所包含的智力与技术已经被传播的太久，技术已经普及化，绝大多数人都已经掌握，因此其中所包含的利润率就非常低。在私有制下的资本趋利者就不会往这些行业投资，反而会肆意诋毁，否认它们的价值。智力劳动，可以分为生产性的人类智力劳动与非生产性的食物链智力劳动。所谓生产性的人类智力劳动，指那些从事自然研究、科学研究，用这些研究的规律性原理支持和指导实实在在的生产劳动与生产实践，并促进人类劳动生产力与增加人类财富的智力活动。这种智力劳动表现为一些高瞻远瞩的指导活动、管理活动，它可以帮助提供生产的协作性与效率，帮助创造出实实在在的财富。非生产性的食物链智力劳动，指的是那些毫无规律可循，并且不能够帮助创造社会劳动生产的活动，如股票、彩票、赌马等金融活动，这些活动不存在客观的规律性，它们完全是由个别人或团体人为操控，通过操控民众的信心影响市场变化，操控者从中肆机谋利。这些智力活动就像是食物链的狩猎活动，通过对资本的掌控，撒下天罗地网，坐等零散资本入套，谋取暴利，不仅不能为人类带来财富创收，严重者更有可能影响一个国家的稳定和安宁，造成巨大的社会动荡。

在公有制社会，本能性劳动与智力劳动会受到同等的尊重，得到平等的劳动报酬，但是在私有制社会，资本的趋利者不仅不会承认本能性劳动与智力劳动的平等性，更会肆意压榨本能性劳动的价值，鼓吹根本不具备价值的食物链智力劳动的价值。因为真正的财富都是通过本能性劳动创造出来的，如果不将本能性劳动与智力劳动进行异化，如何进行合理合法的盘剥呢？试想一下，那些古玩、金融产品、玉石等，如果遇到战争年代，甚至连一份粮食都换不了，因为它们并不是真正的财富。讽刺的是，社会上那些辛辛苦苦从事本能性劳动生产、实实在在人类财富的劳动者，挣扎于社会的底层，得到的是最微薄的一份收入，仅够养家糊口；而那些从事所谓智力劳动的人，如金融、演艺等行业从业者，却越来越富，本能性劳动与智力劳动异化最严重的一个后果就是人类社会越来越两极分化，越来越像动物世界食物链的金字塔结构：广大本能性劳动者挣扎于社会底层，而金字塔顶端是一些金融大鳄、大资本家、演员等所谓非劳动智力活动者。

三、人的工具化

事实上，所谓食物链的层级分化也就是人的工具化。也就是说，在人类智力扭曲、劳动异化的基础上所形成的如食物链层级分化，建立起食物链金字塔生存模式，社会两极分化的背后，是一部分人掌握绝大多数人的生存资源，绝大多数人则沦为了一部分人的牟利工具。人不再作为一个完整的人，而只是用以牟利的一种工具。在大资本家眼里，工人劳动者从来就不是一个完整人，只是他牟取资本利润的工具手段。在他眼里，工人劳动者跟机器人是没有本质区别的，而且在生产方面，机器人流水线式的生产水平和熟练度远远高于工人劳动者，因此在私有制资本主义社会工人失业是必然的。因为当机器人比工人劳动者具有更高的劳动生产能力的时候，资本家眼里的工人劳动者价值就不会比机器人更高，不会说因为你是人，所以仍然雇佣你。因为资本是逐利的，工人劳动者只不过是逐利的一种工具。当工具的逐利功能下降，那么被简单抛弃是工人劳动者的必然命运，如我们看到的一些老迈的工人劳动者被简单抛弃，无人照管，失业流离。私有制资本主义讲究效率，实际上就是以人为工具的一种逻辑必然，不断提升效率，不断提高机械化水平，大量使用机器人，让机器人替代人，这是私有制吃人本质所决定的。私有制社会之中，企业寿命都不会太长，让员工自己去挣养老和教育的钱，就如同让员工去食物链社会去谋生，充满诸多的不确定性。例如棉纺厂的女工，碰到纺织行业的整体性衰退，棉纺厂倒闭，即便是技术再好的女工，也无法找到很好的工作；公有制社会，效率不是第一位的，因为效率就意味着竞争，竞争就意味着一部分人要吃掉另一部分人，就会出现食物链层级分化，也就是人必然会被工具化。公有制社会内部就像是一个伦理互助的大家庭，在大家庭之中每一个人都互帮互助，人们各尽其才地利用自己的生存经验进行互助生产活动，人与人之间平等相处。企业的利润，事实上是企业员工彼此交换生存资源的过程中，企业员工的部分生存资源用于积累，而这部分生存资源经过日积月累，可以用来保障员工的养老和教育。

第二节　意识形态工具

一、意识形态的驯化作用

本能性劳动与智力劳动的异化是一个漫长的历史过程。因为任何智力活动想要获得普遍性的价值认可，都需要一个长期性的意识形态驯化过程。所谓驯化，即对民众心理的一种转化与改造，通过久而久之的长期作用，形成一种集体认可的心理。这跟生物学刺激—反应、长期刺激反应形成的惯性化和模式化心理是一个道理，也就是说通过父权领导组织的长期驯化，意识形态甚至会变成一种集体性的无意识。这种集体无意识说到底就是第一心理系统的本能性心理，它会让人们本能性的认可非劳动性的智力活动的价值，并且执以为真，建立起"真理性的认识"。

意识形态的驯化作用，事实上是一个民族民众心理长期性驯化与暗示过程，如传统的儒家思想，就是一种贬低本能性劳动的意识形态，儒家思想提倡'学而优则仕'，并且明显地贬低本能性劳动。几千年下来的意识形态作用，让我们国家本能性劳动显得异常的廉价，试想如果不是如此，一个农民怎么可能把自己辛辛苦苦几年种出来的麦子去和一个名人用十几分钟信手画的一幅画，进行一个等值的交换。现实社会中，任何一个人都是靠消费那些看得见摸得着的本能性劳动产品为生。如果是在战争时期，本能性劳动的价值就会极大凸显，而娱乐、休闲、人文等智力活动会被理性回归至正常状态。

意识形态必须得到相关政府政策与法律的支持，只有得到政府的承认才能保障相应智力活动的价值。如对知识产权的保护、从法律上承认特区赌博的合法性，甚至于从法律层面对金融高利贷的保护。所有这些智力劳动的产品，只要政府授权同意了，就相当于获得国家武装力量的强力支撑。

二、意识形态的本质

关于意识形态，尽管许多学者及专家讨论甚多，涉及面也广，但多是对这个概念的外围探索，并没有就其本质有个一针见血的知见。我们认为，所谓意识形态，撇开其包装性的面目，透露出来的是一套关于利益性的话语体系。更确切地说，意识形态本质是父权话语体系。意识形态的实质是夺取话语权，并以所拥有的话语权来树立其统治、管理的合法性。我们以家庭为原型来考察一下意识形态问题。我们考察家庭，不论是伦理互助的家庭，还是非道义的家庭，家庭中的父亲都拥有极大的权力，这种权力体现为父亲说的话很有分量，大家都需要听从他的话。也就是说，父亲拥有家庭里的话语权，这种话语权让他同时拥有了可以支配和管理家庭成员的权力，只不过家庭性质不同，获取话语权的途径也有所不同。在伦理互助的家庭里面，父亲的话语权，主要是基于他大公无私的付出由此所获取的家庭集体信任，再辅之以父亲本身的保护力量确立的；而在非道义的家庭里面，父亲只是享受父亲的权力而并不承担对家庭成员的责任，他们是一种自私自利的父亲形象。这种父亲主要是以强权和力量来树立他们的威信和话语权，一旦他们身体衰弱，那么他们说的话将一文不值。以之类推，我们发现公有制国家类似于伦理互助家庭，其中所推行的意识形态是以大公无私父权的形式出现的：宣誓和维护的是集体的利益，并且国家中每个人都是普遍理解与认可这种意识形态。他们信任公有制政府，如同家庭中成员对道义父亲的信任，因为他们相信他们的父亲是无私、智慧和有力量的，是足以管理和保护他们的。与此截然相反的是私有制国家，私有制国家如同是在一个自私自利非的道义家庭里面，这种家庭里面的父亲并不对成员负责，他自私自利，不顾子女的死活。子女们迫于父亲的力量而不得不屈服，但是只要有机会，他们就会想尽一切办法摆脱父亲的控制。私有制国家以自身的强制性武力为保障，推行意识形态，这种意识形态的实质就是服务于自私自利的父权。在私有制国家，这种父权体现为资本的力量，为了掩饰资本的嗜血性，以及巩固自身统治的合法性，这种意识形态扭曲是非、颠倒黑白，如强制区分本能性劳动与智力劳动。让食物链式的智力劳动，如金融、明星表演等承担其不应有的价值，从而实现合法剥削的目的。如果没有意识形态的扭曲功能，一个智力正常的社会成员，怎么会心甘情愿地任人剥削与压榨呢？现代所谓的争夺意识形态的领导权，本质上也就是大公无私父权与自私自利父权的话语权之争，因为谁掌握了话语权，就意味着谁的生存模式拥有了更好的合法性与信任基础。

第三节　货币赋值

一、公有制社会不需要货币

通过以上的相关论述，相信大家已经明白人的食物链层级分化是一个复杂而多因素的综合过程。本来人与人之间生来平等，并没有你贵我贱、你贫我富的自然法则，但是在私有制社会，富者越富、贫者越贫，如食物链底端与食物链顶端的差距，越来越像自然法则一样牢不可破，或者说人的命运仿佛就此固定了。之所以如此，是因为在私有制社会，资本的操控者利用自身的资本优势，在人类社会内部实行人的食物链层级分化，将本来生而平等的人硬生生地改造成我富你贫、我强你弱的食物链模式。因为只有在食物链的法则下，动物才会一出生就知道谁是食物链顶端，谁是食物链底端。不幸的是，如今的人类一出生也面临着如食物链一般，知道谁是巨富，谁是巨贫。人的食物链层级分化，始于对人类智力的扭曲使用，错误于对本能性劳动与智力劳动的刻意差异化，又扩大于对意识形态工具的滥用。最终，人的食物链层级分化还需要通过货币赋值的形式，以完成整一个分化链条的构建，并且这是最为关键的一步。

在论述货币的赋值功能之前，我们需要明白一个基本的道理，即在公有制社会，事实上是没有货币一说的。在前面章节，我们曾对货币的一些原则性内涵有过谈论，这里我们结合说明。事实上，公有制社会就是一个伦理互助家庭的翻版，在一个伦理互助的家庭中，父亲掌管着家庭的共同财富，并且以他大公无私的人格为担保，他的话就拥有了分配和处置共同财富的作用，所以在家庭中的生产—交换—分配—消费这一生存自然循环过程中是不需要货币的，人与人之间建立起长久的信任关系，人人平等，没有差异化的区别，每个人都能够得到应有的生存资源，并且对家庭充满信心。这个时候，父亲的话事实上就充当着货币的作用，比如父亲说了"借给老大三担稻子"，那么这句话就相当于三担稻子的货币价值。所以即便是家庭中需要货币，事实上也只是父权集中管理的方便工具而已，如父亲说的这句"借给老大三担稻子"被写下来，变成一张纸条，便于记忆和记账，但本质上这张纸条所代表的是父亲的信用，是为了满足生产自然循环过程需要衍生的便捷工具。公有制社会的货币职能主要父权管控生产自然循环过程的便捷循环工具。私有制社会则不同，私有制社会，货币代表着父权的分裂，因为货币不是统一由公有制政府管控，而是落入了少部分私人资本家手中，因此大大小小的富豪就是大大小小的父权象征，而父权分裂，各自为政，又为相互竞争提供了法律依据。

说到这里，大家可能会问，这跟货币的赋值功能有何关系？有此疑问，那么我们看看不同所有制下货币赋值代表的意义，也就一目了然了。

二、货币＝劳动产品？

首先我们需要明白什么是货币赋值。简单说，就是货币＝劳动产品这一基本公式，即生产产品以货币的形式进行生产—交换—分配—消费这一生产自然循环，这里就涉及一个最为关键的问题，即货币跟劳动生产产品之间的"＝"（等号）是如何建立起来的？理解了这个"＝"（等号）建立的秘密也就明白了不同所有制下货币赋值功能所代表的真正意义。

如上面我们说的，在公有制社会，如同在伦理互助的大家庭里，其中货币代表的是父权管控生产—交换—分配—消费这一生产自然循环过程的便捷流通工具，即为了促进生产—交换—分配—消费这一生产自然循环过程，货币的注入，加强了这一过程的流动性。事实上，公有制社会的定向发钞，就是推动父权向不发达地区流动，公有制社会的货币会定向发钞给养老、医疗，以及教育领域进行投资。因为公有制社会的货币是大公无私父权管控工具，它的目的并不在于盈利，而是为了生产资料的公平流动、生存资源的公平分配，以及生产成果的公平享有。在公有制社会，货币代表着父权的信用，与此同时，货币本身就是货真价实的劳动产品，每一张货币的背后不仅仅是真实的劳动产品，更是以法律和武力保障的国家象征，而劳动产品也是真真切切地能够促进人类福祉的本能性劳动产品。所以，货币跟劳动产品之间的"＝"（等号）也是真实不虚的，不存在说货币跟劳动产品之间不对等的情况。所以公有制社会的货币赋值，也就是对等的对劳动产品的赋值，目的是为了促进整个生产自然循环过程。

在私有制社会，货币代表的是自私自利的父权，这种父权不像公有制统一管控的父权，它是一种分散的父权管控，各自为政，相互竞争，大吃小，就像食物链的竞食。在货币＝劳动产品这一基本公式中，私有制自私自利父权为了牟利，不仅在货币上做文章，而且在劳动产品上也做了文章。让我们来看一看私有者社会是如何构建货币＝劳动产品这一基本公式的。首先在货币方面，私有制货币是逐利的货币，这种货币追求高利润、低风险，是自私自利父权为牟取利益而采用的掠夺工具，以纸币形式发行的私有制货币本身并不是真正的货币，即它脱离了货币本身的实体价值的基本规定性，已经没有劳动产品的基本价值了，它的实际价值就是印刷几张纸片的价值，但是上面却印着500、1000的等值面额，唯一支撑这种等值面额的是私有制的父权力量，即私有制的法律与私有制的武装力量，但是我们必须要明白私有制的父权是自私自利的分散父权，它代表的永远不会是全体人民的意志和愿望，而只会是少数生产资料拥有者，即大资本家利益集团。其次在劳动产品方面，公有制社会的劳动产品是货真价实的产品，是人类劳动的结果，而私有制利益竞争驱使下的劳动产品却被黑心的大资本家掺了水，即为了掠夺劳动者货真价实的劳动产品价值，这些大资本家又"伪造了劳动产品"，一种不具有真实劳动价值，不能促进人类总体福祉的非劳动性产品——金融产品，像金融产品等非劳动性的智力产品进入生产—交换—分配—消费这一生产自然循环过程，就是在稀释和套取整个社会的劳动产品价值，是真正的空手套白狼。因为真正的社会财富，只有通过本能性的劳动产品创造才有可能，而金融等非劳动性智力产品永远也无法创造出真正的价值。让没有真正价值的金融等非劳动性智力产品进入到生产自然循环过程，并且被赋予了货币的价值，无形中就是在建立金融等非劳动产品＝生产劳动产品这样一种错误的价值观念，并且在意识形态压抑真正本能生产劳动产品的作用下，金融等非劳动性产品的价值就大大地超过了真正价值的生产劳动产品。另外，由于私有制的货币没有真正的劳动产品价值，可以肆意乱发，这种肆意乱发的货币跟没有真正价值的非劳动性智力产品正好形成了一个循环，通过不断发行货币和非劳动性智力产品，整个社会资产就泡沫化了，而真正的社会财富则通过货币与非劳动性智力产品的稀释，早早地跑进了大资本家的腰包里。由此我们也就知道了只有在私有制社会条件下，自私自利的父权才会用毫无价值的货币对非劳动性质的智力活动赋值，这种赋值所建立的货币＝劳动产品，本质上是对真实劳动产品的掠夺，而这也正是私有制剥削的秘密所在。试想一下，在正常情况下，用十万斤粮食跟一幅画等值交换可能吗？但是通过私有制的货币赋值，进入货币流通系统，加之社会意识形态的驯化，可以建立十万斤粮食＝一幅画的货币等值公式。

第六章

货　币

如果你掌控了货币，你就掌控了整个世界。

——基辛格

通过上节简要的论述，我们可以清楚一个基本事实：人的食物链层级分化必须通过货币化的途径才能真正落实，即借助于货币工具，将食物链的生存等级模式从观念层面落实到具体生活的方方面面。可以说，货币在人的食物链层级分化以及人类的食物链生存中，扮演了一个至关重要的角色，以之为基本表现形式的资本、金融等，无不是借助它神奇的特性，一次次巧妙地盘剥与欺诈，直至让穷者越穷、富者越富，完全沦陷于食物链的金字塔生存结构中，举步维艰，动弹不得。

那么，我们不禁要问，货币究竟有什么样的魔力，居然能够做到这样？

第一节　货币的本质

一、货币的三个规定性

在上面章节论述中，我们已经知道货币具有三个基本的原则规定性，即父权信用、实体价值和循环加速工具。在公有制社会中它是父权管控生产自然循环过程的循环加速工具，本身具有劳动产品的价值性。这三层原则规定性在家庭原型中能够得到充分体现。可以说，家庭原型蕴含着货币本质的秘密。让我们看看家庭生产的原型。在一个伦理互助的家庭里，父亲是家庭生产的安排者和生存资源的分配者，他根据家庭中成员的各种特点和身体状态来统筹安排生存，并在一定的时间段内（如一年）获取生产劳动成果。家中的生产安排：父亲负责种地，母亲负责织布，大儿子负责打猎，二儿子负责捕鱼，三女儿负责协助母亲织布，家中的爷爷、奶奶负责做饭和照顾家庭。这样一个家庭中，参与直接劳动生产的有父亲、母亲、大儿子、二儿子，爷爷、奶奶和三女儿因为年龄的关系，并没有直接参与劳动生产，但是也力所能及地帮衬着家庭。通过一年的劳动时间，父亲收获了两千斤的粮食，母亲织出了二百匹布，大儿子打到了一千斤的野味，二儿子收获了一千斤的鱼。这些的总和就是这个家庭一年之中的生产总值，并且是以实物的形式表示的一种价值，这些价值在这个伦理互助的家庭里，最终的处置权归属于父亲，因为父亲以其大公无私的品格和长期默默付出的劳动赢得了家庭集体的信任，大家相信父亲的处置是公正与合理的。对于一年的家庭生产总值，父亲按照公平分配的方式分配给家庭中的所有成员，虽然爷爷、奶奶和三女儿都没有直接参与劳动生产，但是他们以自己另外的付出赢得了家庭成果中的一部分所有权。大家需要清楚的是，在这样的家庭中实际上并没有货币，或者说用不着货币，因为所有的处置最终都是以对父亲的信任为基础的，他们并不需要直接拿那些实物的劳动成果，而是基于对父亲的信任和公平分配的形式，对劳动成果进行一种合理划分。在这种划分过程中，家庭中每个成员都享有一份来自父亲的承诺，并且这份承诺的背后是切切实实的对应的劳动成果，也就是说，父亲的承诺是以数目正确的劳动成果为真实基础的。货币的本质就隐含在这样一种承诺里，即货币的原型，是以伦理互助家庭中父亲的真实承诺为基础的，父亲的承诺基于家庭成员各自的劳动量获取相应数额的劳动成果及尊老爱幼的基本原则。简单说，父亲的承诺，或者说父亲的话，就是货币的原型，因为父亲的话表示父亲的一种管控意志和力量，通过父亲的话，生产—交换—分配—消费整个生产自然循环才能够进行下去。由此我们也就确证了货币的三个本质性规定，即它首先代表父权的管控，其次它是以真实的劳动产品为基础，最后它是父权促进生产自然循环过程的便捷工具。只有在公有制父权下的货币才能充当好促进生产自然循环过程便捷工具的角色，因为公有制货币代表着公有制大公无私父权的管控意志和力量，这种父权会保障生产分配的公平合理进行，不会让一部分人垄断生产资料，造成社会的两极分化，能够保障老有所养、幼有所教、壮有所用、病有所医、住有所居，保障整个社会像一个家庭一样安定、和谐。私有制社会货币，则与此截然相反，私有制货币是逐利的货币，是分散父权的象征，大大小小的货币拥有者就是大大小小的局部父权管控象征，通过竞争垄断，最终形成了几个大的父权体系，这种父权体系是以趋利为目的的，不像公有制伦理互助家庭中的父权，以公平分配为目的。私有制社会这样一种货币体现，就是资本。

二、资本的逻辑

资本，简单来说，就是一种能够用以谋取额外利润的货币表现形式。私有制社会中，资本是货币的异化形式。因为如上所说，货币的实质是父权的管理，而其基本职能是道义父权的公平分配。公平分配必须遵循两个基本条件，即生产劳动成果与劳动量相应，并且这种相应能用货币具体体现。另外，需要遵循尊老爱幼的基本原则。但是在私有制社会中，资本从根本上否定了大公无私父权的公平分配，它遵循的毋宁说是自私自利父权的分权管理。

第一，资本永远竞逐高利润、低风险。公有制社会的道义父权下的货币，是父权用以管理整个国家的有力工具。如涉及民生问题，国家计划投资一批基础工程建设，需要建筑工人、建筑材料、机械装备、技术人员等，公有制政府在其中的作用就像家庭中父亲对子女的统筹安排，借助自身信用以货币的形式把所有这些生产要素整合起来，完成工程，带动大范围就业。从中可以看出公有制下的货币，在道义父权的管理下，不仅能科学合理地完成计划性工作，还能通过主动创造利国利民的工程，促进广大民众的就业。因为公有制货币作为父权的象征物，它不是以盈利为第一目的的，而是以公平分配和解决全民的民生问题为主要职能，如我们国家在党的领导下，开展云贵高原的扶贫攻坚、西气东输、南水北调，以及一系列不以盈利为目的的基础性工程建设，极大地改善了国家的整体性布局与面貌，体现了公有制社会的制度优势。

私有制下的资本则全然不顾公平的原则，而是以竞逐高利润为根本目的。因为资本的基本逻辑就是以钱生钱，用更多的钱挣取更多的钱，并且这些钱通过一轮轮的竞逐，最终都掌握在少数的资本家和金融寡头手中。少数的大资本家掌握着绝大多数劳动人民的生存资源。在普罗大众的眼里，资本家的钱是劳动成果的票面计数，而大资本家眼里的钱就是用以谋取更多钱的工具，即资本，因此永远也不能奢望这些大资本家会大发善心，将大量的社会劳动产出的钱用以投资经济落后的地方，因为资本不是为了解决就业而存在，资本只为了高利润而存在。资本的这种基本逻辑就决定了社会上只能是贫者越贫、富者越富，如食物链金字塔般的两极分化。

第二，资本注定是短视的。资本以竞逐高利润为唯一目的的基本逻辑的同时，决定了资本是短逻辑的。所谓资本是短逻辑的，指的是资本为了最大程度的盈利，必须在最短的时间条件内完成一个资本循环，从而获取盈利，也就是说资本循环的时间越短，资本的盈利周期也就越短，就可以获取更大的盈利机会。资本的基本循环结构为 M（货币资本）—C（用以购买生产资料、机器设备等）—M'（新增资本），其中由 M—C

的过程为资本的生产过程，时间计为T1，由C—M'的过程为资本的流通过程，时间计为T2，资本一个循环的时间就是T1+T2。资本为了最大程度地盈利，必然要求缩短T1+T2总时间，T1阶段的时间缩短主要依靠提高劳动生产率，以最短的速度生产出最多的符合市场要求的产品；T2阶段的时间缩短主要依靠市场营销，在最短的时间内把劳动产品变现为额外利润的新资本，用以投入下一个资本循环。

如果大家仔细观察就知道，我们现在所展示的资本循环是一个产业资本的循环，即以实实在在的实业经济为基础的循环，这是传统的资本循环模式，大资本家为了加速循环费尽心机，最终想到了一个绝顶聪明的加速方法。它既不需要通过提高劳动生产率，也不需要劳心费力四处营销，而是对资本循环的模式做个一个颠覆性的修改。聪明的资本家发现，资本（M）的目的无非就是为了获取新的资本（M'），在产业资本M（货币资本）—C（用以购买生产资料、机器设备等）—M'（新增资本）的基本资本循环中，无论如何更改修正，都无法摆脱劳动生产率与市场营销的问题，与其受制于产业资本循环的模式，不如重新创造新的资本循环模式，怎么创造呢？抽掉C！即让资本（M）直接创造资本（M'）！

由M—M'，这就是最短的距离，也是资本循环的最短模式，但是如果从实际角度来看，资本不变现为产品，又是怎么产生出新的资本的呢？M—M'模式中，没有产品产出，意味着这是一个不需要劳动的资本循环模式，大家可能会好奇，这天底下还有这种不劳而获的好事吗？什么时候不用做就可以在家数钱。事实是确有其事，并且世界上的各国都在普遍地做着这个事情，没错，抽掉C，也就是抽掉实体经济，脱实向虚，一种不需要经过实体经济生产的盈利模式——金融资本！

三、金融资本

金融资本是当代私有制资本主义经济最主要的资本形式。至于为什么金融资本是当代最主要的资本形式，大家对比 M-C-M'（产业资本循环），M-M'（金融资本循环）两种模式，以及资本的基本逻辑，就一目了然了。产业资本向金融资本的过渡是资本内在基本逻辑的必然结果，因为从始至终资本生产的目的就不是为了获得劳动产品、增加实际就业，而只是为了获取新的资本而已。在产业资本阶段，追逐资本利益从客观上提高了劳动生产率和增加就业只是一种额外附带的结果，并不是大资本家的初衷。脱实向虚的金融资本，是大资本家谋取暴利的绝佳手段，因为无须经过实体经济的生产环节，不仅大大地节省了资本循环时间，更解放了虚拟经济的限制性条件，金融跳脱了实体经济的束缚，极大地兴盛起来。

马克思在《资本论》中说，如果有 10% 的利润，资本就会保证到处被使用；有 20% 的利润，资本就能活跃起来；有 50% 的利润，资本就会铤而走险；为了 100% 的利润，资本就敢践踏人间一切法律；有 300% 以上的利润，资本敢犯任何罪行。我们认为这句话用于金融行业是适当的。因为金融本质上就是赌博，金融市场其实就是狩猎场。大家可能觉得我们是在危言耸听，那么我们先来看看金融究竟是怎么一回事。最初的金融，是用以解决生产过程中资金困难，起到融资、集中的作用，这种作用的好处就是可以帮助资本家在最初的时候快速投入生产，变现出来的新资本用以偿付金融资本家的本息。在资本再生产阶段，金融也在一定程度起到了加速资本循环的作用。但是这种加速循环是金融所追求的目的吗？根本不是，金融的目的远非如此简单。如我们之前所说的，大资本家急功近利的心态注定了他们不会长期的安分守己在产业资本领域，因为产业资本不仅利润有限，资本循环周期长，还有诸多限制性因素。金融注定是资本的最佳形式。因为它满足了资本所有的嗜血本性：短时、大量、且不用担负任何责任。以房地产为例。为什么在现代社会中，资本更倾向于流向房地产行业，而不是那些生产实际社会产品的行业？因为房地产行业不需要经过复杂的生产过程，没有长的生产供应链条，说白了相对于实体经济领域，房地产行业符合资本最短循环的原则，快进快出，套取大量利益。

我们说金融本质上就是赌博，依据在于金融本身并不产生实际的社会财富，并且它一定程度上承担起的融资职能在私有制社会制度下，更像是"驱羊入圈"：在金融寡头的操控下，将大量游资、散资卷入金融市场，然后以大吃小、强吃弱的方式，实现金融的高度集中。这其实就是自私自利父权的分权竞争、相互竞食！因为每一张货币的背后都是一份来自父权的承诺，私有制下的金融集中就是对大公无私父权承诺的否定，而重新树立其自私自利父权的权威，自私自利父权的规则就是弱肉强食、优胜劣汰。所有参与这种金融活动者，无异于羊入虎口。

资本竞逐高利润的本性，让其进化出了金融资本循环这一高效循环模式。但成也萧何，败也萧何，在这种循环模式下，也变相地加速了金融危机、经济危机的速度，让整个世界陷入私有制经济的困境之中不能自拔。

四、经济危机

经济危机，是私有制经济的不治之症。金融则加速了这种病症的发作时间。大家是否想过，为什么每次危机都是从金融领域率先爆发，即都是从金融危机转化为整体性的经济危机，由部分产业转移至整个经济领域，由虚拟经济转到实体经济，由一国一地区转移至全球？要理解经济危机的实质，以及不同父权性质在这种危机中的作用，我们还需要回归到生产—交换—分配—消费这一生产自然循环过程之中，我们知道货币是父权管控生产—交换—分配—消费这一生产自然循环过程的一种便捷工具，货币工具在这个过程中的作用就是促进生产自然过程的加速实现，因为生产出来的东西只有交换，并且被分配、消费了，大家才能从社会生产中获取应得的劳动报酬，即自己的那份生存资源。从这个角度说，货币就是一种流通性的工具，这种流通性工具流通得越快，生产过程变现得也就越快，大家也都能更快的获取自己的相应生产资源。但是这里面有一个前提，就是生产—交换—分配—消费这一生产自然循环过程中间的每一个环节都必须能够兑现。所谓兑现就是生产出来的东西能够变成商品交换，变成共同财富集体分配，并且合理地分到大家手中消费，也就是说每一个人都能从这个生产中得到属于自己的财富，这就是社会生产的意义。这个过程在公有制社会大公无私父权的管控下是没有问题的，因为这种父权管控下的货币是用以促进流动性的工具，并且它有着坚实的实体价值为基础，而不是一种空手套白狼"虚假货币"的肆意流动。公有制大公无私父权本身就是对国家进行计划生产的象征，货币是其方便工具。生产自然循环的每一个环节都会在公有制大公无私父权的管控下得到合理的分配，不会出现财富的私人集中和大量失业，社会不公的现象。

但是在私有制社会，我们再来看看生产—交换—分配—消费这一生产自然循环过程。私有制社会的货币代表着自私自利的分散父权，企业生产的目的并不是为人民服务，不是促进生产流通，而是让每一个人都能从企业生产中获取自己应得的一份生存资源与财富，而是以货币为牟利的剥削工具。所以从生产环节起，私有制就充满着竞争，即为了获得最大利润，大资本家会不断通过增加劳动时间或者提高劳动生产率的方式压榨劳动生产者，并且为了获取更多的盈利，大资本家往往会追加生产。追加生产的方式也就是需要融资，即通过向银行贷款，以金融借贷资本的形式扩大实体生产，而这种实体生产出来的东西又需要通过市场的交换，换取财富以归还金融借贷资本，而社会财富则通过大资本家掠夺劳动者的雇佣行为让财富集中于大资本家手中，社会两极分化。这个过程我们可以这样来看，即金融借贷资本—雇佣生产—市场交换（资本集中）—消费（两极分化），私有制资本主义这样的一种生产过程，必然出现资本的集中，而且这种资本集中是建立在剥削劳动者本能劳动的基础上的。社会财富分配不均，一方面是大资本家生产出来的大量劳动产品，另一方面是日益贫穷的劳动者阶层。这个时候就会出现生产相对过剩问题，因为尽管有着大量的劳动产品，但是贫穷的劳动者阶层根本就没有购买这些产品的购买力，他们的劳动报酬只够他们维系日常的生存开销。大量滞销的劳动产品无法兑现，带来的结果就是金融借贷资本－雇佣生产环节的破产，一方面企业主无法偿还银行借贷的款项，资本信用链条断裂，另一方面企业为清账倒闭，造成大量的劳动者失业，让他们失去了最后能够保障自己生存的最后一点儿资源。大家是否发现这就是一个自私自利货币资本的恶性循环，而金融资本在其中只不过是加速和扩大了这种恶性循环而已。因此，在私有制资本主义社会中，必然存在着大量的失业，这也不过是经济危机的前兆，一种量变与质变而已。

第二节　货币与权力

一、拥有货币代表什么？

美国前国务卿基辛格说："谁控制了货币，就控制了全球经济。这句话深刻地说明了货币的权力本质。通过上面的论述，我们知道这说的是父权，即父权管控。货币代表父权，那岂不是意味着谁拥有的货币越多，那么相应的支配权与管理权也就越大吗？确实如此，但又分为两种基本的情况，即以大公无私伦理互助的家庭与自私自利家庭相对应的公有制社会与私有制社会模式下，货币的父权职能又有所不同。在公有制社会，实际上用不着货币，如果用到货币更多的是用来表示劳动者生产效率的记忆票据。这种货币实际代表的就是大公无私的父权管理，它服务于全体社会成员，即为便于全民公平分配与享受同等待遇的一种便捷的符号工具，遵循大公无私父权伦理互助的根本原则，它绝不是为了实现某些特殊人群的特殊利益，所以人们不会去肆意地集中这种货币，而将它的处置权归于政府，因为政府遵循伦理的法则管理社会。

私有制社会下的货币，如上所述，货币更多的转化为资本形式，它是大公无私父权的消解，以及自私自利父权的分权竞食。资本遵循的是短逻辑、竞逐高利润的法则，如同动物世界食物链一般，资本最终会走向高度的集中，大资本吃小资本，不断兼并垄断，形成寡头组织，如同食物链顶端的少数动物，占据了所有的生存资源。拥有货币就拥有了管理和支配这个社会的权力，因此在私有制社会，实际是形同于以竞食货币为生的动物世界食物链的生存模式，而这种竞食货币背后的秘密就是异化本能劳动与智力劳动。严重贬低本能劳动价值，赋予非劳动性的智力劳动，如金融、演艺等活动的价值，通过异化劳动，盘剥绝大多数劳动生产者的劳动成果，达到积累货币的目的。与此同时，每一张货币的背后，都有国家的信用与武装作为背书。在私有制社会，并不因为其盘剥的性质就受到国家的制裁，恰恰相反，国家通过立法的形式，从法律上保障了这种剥削所得货币的合法性，由此可以看出私有制政府的非道义性。说到底，这种政府只是私有制大资本家的代言工具，是为维护这些大资本家根本利益而成立的管理部门，而绝不是为了全体国民的幸福服务的公平、道义的政府。它会在意识形态层面默许并鼓励资本的自由流动，资本的自由流动说白了就是往高利润行业的流动。这种高利润行业绝不会是基础民生行业以及教育、养老等行业，更多是金融、房地产、演艺等行业，因为这些行业都是短逻辑、高利润、快进快出的行业，如同动物觅食一般，追求的是最快的时间内捕获猎物，这样才符合资本增值的基本法则。

概括来说，私有制社会，就是以竞食货币为生的动物世界。在这样的世界里，以货币（资本）为工具，在国与国之间、国家内部的各阶级之间，乃至各行业之间、人与人之间，都在制造着大大小小的各种隐形食物链。这种隐形食物链里，货币就是权力，就是拥有支配他人生死、他人生存资源的武器，那些没有货币或者只有少数维持生计货币的劳动者们，就如同动物世界食物链底端动物般，一无所有，并且还得受到顶端大资本家的肆意盘剥、控制，毫无自由与幸福可言。

在当今世界，美国政府充当了这个以竞食货币为生的隐形食物链的代表者角色，以美国为首的大大小小资本家及其代表政府们，在全世界范围内竞逐资本，制度规则，画圈定界，将全世界当成了它们竞食的游戏场、盘中餐。

二、美元霸权

美国由食物链模式构成，喜欢不劳而获，喜欢坐享其成，美国前财政部长沃尔克曾说：在足够长的时间内，任何霸权国家都会变成残酷的暴君或者脑满肠肥的寄生虫。我们知道动物世界食物链中的动物都是不需要劳动的，它们主要通过消费来获取生存资源。现在的美国正是如此，它主要不是通过劳动，而是通过消费来维持国家生计。对于人类来说，纯粹的消费意味着不劳而获，消费必然要有消费的对象，即人类劳动产品，我们不禁要问，美国是如何空手套白狼，以不劳而获的手段，获取远远高于世界上其他国家都要高的国民生产水平的？让我们先来看一下2019 年世界各国（地区）人均 GDP 排名预测：

1. 卢森堡：117160.71 美元（折合 7627162.221 元人民币）。

2. 中国澳门：92492.19 美元（折合 6021241.569 元人民币）。

3. 冰岛：89388.88 美元（折合 5819216.088 元人民币）。

4. 瑞士：84665.28 美元（折合 5511709.728 元人民币）。

5. 爱尔兰：77742.08 美元（折合 5061009.408 元人民币）。

6. 挪威：76817.74 美元（折合 5000834.874 元人民币）。

7. 卡塔尔：68254.58 美元（折合 4443373.158 元人民币）。

8. 美国：63809.64 美元（折合 4154007.564 元人民币）。

9. 丹麦：62616.68 美元（折合 4076345.868 元人民币）。

10. 澳大利亚：61250.7 美元（折合 3987420.57 元人民币）。

11. 瑞典：59852.58 美元（折合 3896402.958 元人民币）。

12. 新加坡：56679.16 美元（折合 3689813.316 元人民币）。

……

98. 伊朗：5103.9 美元（折合 332263.89 元人民币）。

99. 波斯尼亚和黑塞哥维那：5076.06 美元（折合 330451.506 元人民币）。

100. 圭亚那：5042.58 美元（折合 328271.958 元人民币）。

上列除了中国澳门之外，大都是欧美国家，跟美国一样，它们生财有道。

接下来我们就来看看以美国为首的这些欧美国家是如何玩"空手道"套取第三世界国家财富，供其挥霍的。

1. 石油美元体系

我们从美元说起。美元霸权始于英镑霸权衰落之后，1928 年之前，国际上通行的金本位制实际上就是英镑，即黄金本位制。当时国际收支 90% 以英镑结算，经过两次世界大战及世界经济大萧条之后的 1931 年，英国宣布废除英镑金本位，美元顺势崛起。1944 年，美国操作 44 国在布雷顿森林举行联合国货币金融会议，这次会议的结果就是美元一举替代英镑成为国际货币体系的中心，形成布雷顿森林体系。该体系的基本内容是美元与黄金挂钩、其他货币与美元挂钩，其他国家可按 35 美元 / 盎司黄金，实行美元、黄金的兑换，奠定美元霸权的雏形。在布雷顿森林系统中，黄金一直是美元头上的紧箍咒，因为黄金规定了美元的实体价值性，决定了美元不能超量发行。为了挣脱这一紧箍咒，美国总统尼克松在1971年单方面宣布停止美元兑换黄金承诺，由黄金—美元本位转为单一美元本位制，布雷顿森林体系解体。摆脱黄金基本锚的美元并没有因此丧失霸权地位，因为美国的整体经济实力及庞大的国际市场，美元仍然充当着国际上主权信用货币的角色。

为了巩固美元霸权地位，美国悍然发动石油战争，通过绑架石油，迫使沙特等中东石油原产国接受美元作为石油出口的唯一货币，从而建立起石油—美元货币体系。石油—美元体系的建立，是美元霸权的奠基石，因为石油是所有现代国家必备的战略资源，美国强制性将石油结算捆绑成美元之后，即美元和石油挂钩时，大家承认石油的价值就等同于承认美元的相应价值。当大家都默认了这种石油和美元之间的换算关系时，美元便有了共性的公信力。沙特等主权国家愿意将美元作为自己国家的通行货币，这种行为无异于将自身等同于美国的一个经济部门，由于他们的这种行为，美国得以借助石油美元建立了世界贸易的货币结算体系，美元也借此巩固了世界货币地位。

还有关键的一点，既然美元是世界货币，那么世界上任何一个国家想购买石油，手里必须有美元，否则沙特等国家如何售卖石油？这样就迫使世界上所有国家都要跟美国进行商品交易来换取美元，以便购买石油。正是这样一个石油—美元机制，让美元有了盘剥第三世界国家的机会。第三世界国家用自己实实在在的劳动产品，去换取美国印刷的美元，以此购买自己国家所急需的石油。

顺便说一说黄金美元与石油美元的差别，石油、美元的实质就更加一目了然了。在现实生活中，绝大部分的商品都存在着生命周期，即随着时间的延长，其价值会越来越小。如一辆名车，随着使用年限的增长，车子会越来越不值钱。商品的生命周期，也就意味着商品本身的保值是一个与时间成反比的关系。黄金天然就是货币的原因就在于黄金本身就是一种保值率极高的劳动产品，本身很少受环境和时间因素的影响，具有极大的稳定性和保值率。黄金的这种属性对于货币而言，是一种极大的稳定性保障。可以说，如果货币和黄金挂钩，那么这个世界上便不会有如此频繁的金融危机。人们对于黄金的信任等同于对自然规则的信任，如果现实当中的货币一旦跟黄金挂钩，就可以极大的稳定物价，也就没有机会滥发纸币，因为每一分纸币的背后都是一分黄金储备量，相信不会有投机者会冒着黄金挤兑的风险滥发纸币。石油属于大量、非稀缺的商品，不具备如金银般的稳定性，以石油捆绑货币，实际上货币的稳定性也就没有了保障，也就为滥发纸币开了方便之门。石油和美元的挂钩，实质上是美国掌控了世界物品的交换权。通过石油美元，世界上凡是承认和存储美元的国家和地区就好比是美国的一个地方政府，而美国则成为了世界政府。美国不事生产却能够享受到比其他国家都要好的劳动成果的秘密也就不言而喻了：通过发行以债券为基准的纸币美钞，套取实实在在的全世界劳动产品。换言之，美国用货币统治了世界，人们都不得不给他交铸币税。当然，美元霸权的背后是美军武装暴力力量以及美国好莱坞电影制造的美国民主自由假象，它们是美元的软硬保障力量。

2. 美元的循环逻辑

让我们来考察下美元的循环逻辑，这样就能够更加清晰地知道美国的繁荣是建立在什么基础之上的。美元的基本循环逻辑就是：美国生产美元，其他国家生产美元可以买的产品。我们知道美元与石油挂钩之后，世界各国必须存储一定量的美元外汇储备才能够满足国内的兑换与国际的贸易需求。以我国为例，我国之前一向坚持外向型的经济发展模式，即注重出口创汇，所谓的创汇主要就是挣取美元。假设一家生产粮食的企业生产了一万美元的粮食，远销美国市场完成交易，那么它就会收到美国政府印刷的一万美元的纸钞。根据我国强制结售汇制度，我们的企业必须把这一万美元的纸钞交给中国银行进行换汇，即企业将一万美元纸钞交回央行，央行再根据汇率等量的发行人民币给企业，如一万美元约等于七万人民币，这时候 GDP 统计上也增加了七万人民币。这是一个看似公平的交易过程，但实际上的循环逻辑是，中国企业将实实在在的劳动产品给了美国，换来的是美元，而央行回收美元之后又将其购买美债，但是因为账目上增加了销量，又必须增发等量的人民币。算算这笔账，美国得到了中国人民的劳动产品，美元一转手又以美债的形式回到了美国，这就是美国空手套白狼的手段！那么，中国得到了什么呢？除了拥有了巨额的外汇储备（大部分是美元，以美债的形式），我们花费了实实在在的劳动产品，并且在没有相应财富增加的前提下增发了大量的人民币，增加了通货膨胀的风险，这种没有真实财富为基础的人民币的大量增发，在无形中稀释了全国人民的货币购买力，也意味着货币的贬值，而这部分丢失的价值，恰恰是被美国以美元的形式掠取了！

为什么欧美这些国家靠期货股市债券也能躺着数钱，而我们的钱到底又是去哪了？没错，就是出口创汇！我们知道，动物世界的动物都是不需要劳动的，而人类之所以为人类则是因为人类能够进行劳动，而且是进行复杂的、有预期和有计划的劳动。欧美国家显然不在此列。现实是，第三世界国家辛辛苦苦劳动生产，而欧美国家则负责消费。以美国为例。美元被美国人包装成可以购买一切劳动成果的信用货币，而实际上却是以美国的国家债券形式发行的一种低信用度的国家信用象征。美国大力鼓励本民族种群的借贷消费，并借此构成的纯粹性消费需求市场来吸引第三世界国家与其进行贸易活动，他们自身的产品更多的是虚拟金融产品、奢侈品、品牌、知识产权等服务型产业，总之就是不需要本能劳动付出，即不需要时间和体力的付出，或者以一点付出获得无数倍的利益。美国之所以鼓励消费，是因为它知道，美国人每消费一美元，都有第三世界勤劳的人民为其买单，因为他们的消费都是以记账的形式转入美债系统，而不需要支付真实的财富。

由于美元是世界货币，当我们向他们供应他们所需要的生活用品时，他们给了我们美元，但是美元却并不能够从美国那里买到我们所需要的产品，因为他们只能够出售一些衍生金融品、知识产权，以及一些陈旧的民用技术给我们。真正的高科技他们不会卖，银行的融资也不允许我们参与。既然如此，我们为什么不能够抛开这些靠金融欺诈，仅是靠印钞来维持生计的剥削者呢？就如同中国在美国的几万亿外汇储备，当其不能够进行消费的时候，在中国就已经变成流通领域的人民币了，无疑这就是中国通货膨胀的根源之一。我们看看美元的循环逻辑就清楚了，在现实交易中，我们会收到1美元等值的转为了7人民币的货币，流通到市场上，几万亿美元的外汇储备，意味着中国无形中多印发了几万亿美元的人民币！要知道，这些人民币是没有相应的生产产品或财富来支撑的，因为它并没有兑现成实际的消费品或劳动产品，而只是一些美钞垃圾债券，所以必然会造成通货膨胀。简单说来，外汇储备越多，我国的通货膨胀越厉害。

尤为可恶的是，美国人又会拿着中国人的真实劳动产品所赚的钱来中国投资，好比是中国人借给美国人几万亿美元，美国人又把卖了的产品货款拿来中国投资，又美其名曰为招商引资。

美国人用中国人的钱来中国投资，这又是一种通货膨胀的输入过程，因为美国人来中国投资是用美元，但是其投资额又会被中国人民银行再次印刷成为人民币进入中国的流通市场，造成通货膨胀。之所以我们能够抵御通货膨胀的恶性影响，并不是依靠进口创汇，而是勤劳的中国人在隐忍性的消化这部分虚拟财富货币。因为我们是真正的生产者，以勤勤恳恳创造的真实劳动产品与财富抵消了通货膨胀的影响，但这也过度地透支了我们真实的生产力。我们节衣缩食，为美国人的肆意消费买账。出口创汇只能够造成通货膨胀，与其一味地追求出口创汇，变成美国剪羊毛的对象，倒不如扩大内需，利用公有制国家大公无私父权管控定向向养老、医疗、教育等领域进行无利润投资，增加人民福祉。

那么，如果我们抛售美元，是不是意味着几万亿外汇储备就白白地打水漂了？如果这样想就大错特错了，试想在动物世界的食物链体系中，你见过消费者给生产者归还利益吗？美国人秉持的美债经济逻辑其实就是动物世界的消费者逻辑。看起来它欠全世界各国家钱，实际上它是把这些钱作为自己的猎食，吞进去就不可能再吐出来，如果硬要让他吐，它就会一直给你印钞，印到全世界为其美债买单为止。

3. 竞食工具

当然，如果以为以上就是美元霸权的全部，那未免太小看美国为美元霸权所做的各种阳谋与阴谋了。可以说，"二战"后美国的种种行为都可以从维护美元霸权来思考。因为美元是美国用以宰割世界、进行食物链竞食的最好武器，维护好了美元霸权地位，就等于掌控了对世界的竞食权。所有试图挑战美元霸权地位的国家都不可避免的遭受了惨痛的失败，而美国为扩张其霸权地位，维护如动物世界食物链般顶端的竞食权，又不余遗力地四处制造动乱，试图在地区性的动乱中，乱中取利。如现代学者所说：美国正努力利用军事、科技、网络信息、金融领域的优势，放纵甚至制造一个动荡的世界，自己则火中取栗、浑水摸鱼。

毋庸置疑，这是美国的一贯逻辑。让我们来看看美国的战绩：

第一，苏联卢布骗局。20世纪90年代苏联解体，为推进经济改革，在事先没有任何准备的情况下，莫斯科开启了金融自由化的先河。改革的重点是国有企业的私有化。按照私有化原则，国有企业以国有企业股份与证券化的形式平均分配到每一个苏联公民手中，当然这只是证券化的票面财富。在改革中，由于金融行业的无序开放，给了美国金融资本家以可乘之机，一方面它们大肆开展卢布存储业务，另一方面它们又以各种手段唱衰卢布，如大规模鼓吹"苏联国有企业根本没有自生能力""苏联国有企业债券被严重高估""卢布需要重新定价""卢布应该采取更加自由的市场化浮动"等不良消息。伴随着铺天盖地的负面消息的是，苏联国有企业证券一跌千里，苏联人民在惊呼中失去了信心，不断抛售国有资产的有价证券，而那些金融投机分子则以借贷来的钱（来自苏联企业金融机构）收购了苏联国有企业。卢布市场崩盘后，设局的国际资本家以少的可怜的美元就套取了苏联国有企业——积累70年价值28万亿美元的苏联财富。美国在战场上没有战胜苏联，而利用美元金融工具，却轻易地骗取了苏联的核心财富。

第二，20世纪80年代日元经济泡沫。20世纪80年代，日本利用其工业优势，在经济增长率、劳动生产率，以及贸易结构上都赶超美国，并且日本成为美国的第一债权国。为维持其美元霸权，打压日元，美国联合英、法、德逼迫日本签署《广场协议》，通过该协议让日元快速增值，国际资本家热钱大量涌入，冲击房地产市场，放大房地产泡沫效应，造成日本制造业萎缩和房地产过热，最后泡沫破裂，国际资本家借此洗劫了日本战后30年积累的巨额财富，消除日元对美元的霸权地位。

第三，20世纪90年代东南亚金融危机。90年代，东南亚经济空前繁荣，美国资本家索罗斯做空泰铢，引发东南亚链式金融危机，影响整个东南亚。其做空手法遵循国际资本家一贯的抄底手法，先是大量借入泰铢，然后分批抛售，再在市场上制造谣言，引发市场恐慌，让泰铢资产的拥有者纷纷抛售手中泰铢，引发泰铢严重贬值，最后抄底购买，成功狙击泰铢。以泰铢为突破口，先后击溃东南亚诸国货币，不仅压低了这些国家进出口商品价格，更以低廉的价格将这些国家的核心资产收入囊中。

第四，伊拉克战争。美国借口伊拉克藏匿生化武器而悍然发动对伊拉克的战争，推翻萨达姆政权，严重侵犯他国主权。其实际目的并不是如众人所说的石油利益，而是因为萨达姆试图以欧元替代美元进行石油结算，威胁到美元的霸权地位，结果遭到清洗。

第五，美国金融风暴。2008年美国发生次贷危机，美元丧尽人心。作为最大的贸易逆差国和最大债务国，美国本应缩减国内开支，甚至变卖核心资产以清偿债务，从而维护国际流通中的美元信心，但是美国政府却玩儿起了货币贬值的"货币战争",以颠覆国际债务传统规则的方式,无视日益增加的国际财政赤字,竟然还逐渐加大包括军费在内的各项政府开支,拒绝贸易顺差国收购其涉及能源、科技的核心资产;只允许他国购买美国的国债、闲置武器等劣质资产;更有甚者,美联储还公然打开印钞机,以印好的美钞购买他国优质资产,全然不顾全球通货膨胀的危机,以无赖的姿态让全世界为其行为买单。

这就是美国的真实面貌,凭借美元金融工具,软硬并施,以类食物链的方式,在全球进行着弱肉强食的资本游戏,世界的安定与和平永远只是他们用以谋利的借口,而资本的聚敛注定永远都是如动物般自私自利,罔顾伦理互助的。

三、美元背后的老板

美元霸权盘剥全世界,天下受美元之苦久矣!那么,美元背后的老板是美国政府吗?其实并不是。众所周知,在美国,美联储充当着中央银行的角色,它负责制定货币政策并管控美国金融机构。但是美联储其实并不是如我们国家的中国人民银行一样,隶属于政府部门管控,更确切地说,其实它是一家私营机构!美联储的最高决策层由七名执行委员和十二名联邦储备银行构成。也就是说,影响全世界人民生活的货币决策权就由以上区区几人决定。更为荒谬的是,如果我们再继续挖下去,赫然发现在美联储背后站着的其实是华尔街的国际金融资本家。对,就是做空苏联卢布、搞乱东南亚秩序、兴起中东战争、发动颜色革命等一系列国际动乱幕后这些人!由此,我们也就明白了美元霸权既不是表面看起来的美国政府的对外统治,也不是美国人民的对外专政,其实是华尔街金融资本家的内外垄断,恰恰是这些人,掌握了全世界人梦寐以求的货币发行权,操控了世界上绝大多数人的生存现状。

从美元的发行与调控来说,美联储决策权并不在代表美国人民利益

的"美国政府"，而在于代表国际金融资本家利益的"影子政府"。这个
"影子政府"就是金融资本家的联合体。据考证，美联储纽约银行是美联
储的实际控制者，其中花旗银行、纽约国家商业银行、汉诺威银行、大
通银行、汉华银行等六家银行持有40%的美联储纽约银行股份，到1983
年，他们总共占有53%的股份。由此我们也就明白了美国的所谓政客只
不过是拥有美元货币发行权的美联储股东们雇佣的拙劣演员而已，以华
尔街为代表的国际金融资本家才是制定美元霸权的决策者和架构世界秩
序的统治者。

那么，这些华尔街金融寡头们又是如何利用美元制造动荡，从中牟
利的呢？一般来说他们制造混乱的手法有三种：一是通过世界三大评级
公司、媒体以及支持该国的反动派，给其国家造成政治动荡和内乱，从
而让社会生产发展停滞，让整个国家的民众对国家政权失去信心。二是
国外游资撤离，造成国内股市，房地产大幅度下跌；水电、通信企业也
是一路下跌，跌至政府无法控制的局面。这时，该国政府只能向国际金
融组织求救，而事实上国际金融组织同样是美国金融寡头的代言人。他
们开出的救助条件会特别苛刻，会强迫该国政府进一步开放金融及银行
系统，加大外汇与本币交换的自由度，甚至让该国法律修改至保护彻底
的私有制和经济自由，从而彻底架空该国的政权管制。三是各路先期撤
走的游资又会反杀回来，全面且低价地收购该国的各种核心优质资产，
如水电、通讯企业、大型国有生产企业等，从而让资本完全掌控该国的
经济命脉。

此时的政府管理权利和权限已经可以忽略，因为前期金融领域的彻
底开放以及法律的修改，已经从根本上支持国际资本对于国内企业的随
意打压，也就是终极的资本自由化和经济自由化。至于国际资本如何不
择手段的做空企业，然后实现低买高卖，这都是道德层面的问题了，道
德层面如何能够作用于法律层面呢？由于该国政府完全支持经济自由化，
必定形成国家法律对于经济自由化一切实际行为的保护。此时政府的功

能与职责仅仅是服务于经济自由化的政府职能机构。国际资本的不道德行为是隶属于经济自由化商业行为之中的合法行为，是不受相关法律约束和控制的。例如做空股市、楼市甚至做空一个国家的汇率等，这些现象都是道德问题，只能够谴责，而不能够运用法律来对其进行管制，因为纵容金融自由的政府已经形同虚设，如同今天的韩国。

第三节　中国崛起与危机

一、生产的意义

在前面章节中，我们讲到了隐形食物链及美元霸权等，人类世界之所以会出现这种现象，主要有两个因素：一是人类遗传的本能动物世界食物链心理作祟，这种心理趋向于弱肉强食，趋向于以大欺小、以强凌弱。二是在食物链心理作祟之下，人类要么好吃懒做不事生产，要么曲解了生产劳动的意义，那些好吃懒做者固然可恶，但顶多是类似动物世界食物链体系中的植食动物，他们没有动力也没有能力去抢夺他人财富，只是浑浑噩噩、混吃等死；而那些有意曲解生产劳动者，则更像是一群食物链顶端的食肉动物，因为他们通过曲解本能劳动与智力劳动的意义，人为地在人类内部制造智力上的差异，并以此将人类如食物链动物般层级化，弱肉强食，两极分化。

实际上，他们根本就不明白人类生产劳动的真正意义。我们说所有人类财富，都是人类劳动，尤其是人类本能劳动的创造成果。换言之，只有实实在在的人类生产劳动才能创造价值，而那些非生产性的劳动根本不可能创造价值。可悲的是，在信用货币时代，尤其是以美元这种低信用主权国家货币主导的时代，那些根本没有价值的金融产品、垃圾债券却被货币赋值，用以跟真正有价值的生产劳动产品交换。这种交换，说白了，就是赤裸裸地抢劫，将生产劳动者辛辛苦苦的劳动成果，用几张不值钱的纸票轻易的骗走了。这些扭曲生产劳动意义的国家用心何其险恶，比之食物链顶层动物，他们更加的狡猾与险恶。

只有生产劳动才能创造财富，也只有生产劳动才能促进真实生产水平的提高，实现国富民强，以及大国崛起。因为只要我们仔细地考察人类生产劳动的历史就会发现，人类生产劳动是以科技创新为动力的大国崛起史，每一次科技创新都大大地增进了人类生产劳动的效率。生产劳动效率的提高意味着更多的劳动财富被创造，同时也意味着社会上有更多的人能够参与到生产劳动中去，更多的岗位被创造出来，更多岗位则意味着社会上绝大多数人都能有工作。大家需要明白，那些出来工作的成年人，代表的绝不仅仅是个人，每一个劳动者的背后，是一个个的家庭，家庭中有老、有小，有妻、有子，温馨而和谐。只有人类踏踏实实地从事生产劳动，从事科技创新，才能给人类带来更多的就业岗位，而那些不增加实际财富的非劳动性智力活动，如金融等行业，是货币资本的竞食狩猎场，除了能够轻易地制造贫富差距，实际上并不能带来更多财富及就业机会，因为金融等行业只是资本的赌博场，你赢我输，是资本与资本的转移，并不能增加实体经济的哪怕一丝财富和就业机会。所有大国的崛起，从来都是建立在本国工业的极大发展基础之上的，因为工业所代表的就是真实财富的生产、社会就业机会的增加，以及国家内部的平稳和谐，而绝不是金融等虚拟行业的兴旺发达，这些行业都是无根的浮萍，吹多了都是泡沫。

二、大国崛起的逻辑

那么，大国是如何崛起的？无一列外的，所有大国的崛起，都是建立在实实在在的生产劳动基础之上的。在人类历史上，有过四次生产劳动模式变革，即所谓的四次工业革命，这四次工业革命大大促进了人类的生产劳动效率，也促生了一些大国。

第一，英国。英国是第一个进入现代强国的国家。它的崛起得益于第一次工业革命。第一次工业革命中，英国率先使用了最新发明的纺纱机和蒸汽机，生产劳动效率极大提高。1782—1852 年，英国工业生产每年增长 30%~40%。1850 年英国的铁产量比 1800 年增加了 8 倍，原煤产量增加了 5 倍，布匹产量增加了 6 倍。1830 年，英国原煤产量占世界的70%，布匹和铁产量各占 50%。英国工业如丰饶的宝库，从里到外能倾倒出无数价廉物美的制造品、杯盘壶罐、棉毛布毯，一应俱全。

第二，美国。美国借助第二次工业革命迈向世界强国。美国利用第二次工业革命的成果，在短短百年内就超越了英国，成为资本主义的最强国。看看它的发家史就会发现，工业功莫大焉。如 1793 年，美国人伊莱 . 惠尼特根据美国棉籽特点，借鉴欧洲经验，发明轧棉机，全国 98%都用这种机器，极大提高了棉花种植业和纺织工业的发展。从 19 世纪30 年代到南北战争爆发，棉花占美国出口的一半比率，用棉花出口换取英国工业制成品，促进了自身的崛起；1862 年美国的钢产量不足两万吨，1864 年采用贝塞麦炼钢法，1868 年采用西门子—马丁敞炉练解法，钢产量剧增，1890 年达到 427.7 万吨，世界排名第一。

第三，德国。德国在 20 世纪初超越英、法，成为欧洲头号工业国，也是得利于第二次工业革命。德国发明的吉尔克里斯特 - 托马斯炼钢法，使德国的钢产量从 1870 年的 17 万吨增加至 1913 年的 1832 万吨；19 世纪 60 年代，德国化学工业近乎为零，40 年后，德国基础化学工业居世界首位；电气工业从 1891-1913 增长 28 倍。

第四，日本。日本 1639 年颁布锁国令，1854 年被美国军舰胁迫开放通商口岸。此后先后与美国、荷兰、俄国、英国、法国等签订不平等条约，开放通商口岸，丧失关税主权，险险沦为半殖民地国家。内忧外患下，1868 年明治维新，学习西方文明，发展工商实业。如禁止各藩府设立关卡、设置通商司、建立贸易，统一币制；修筑条路，开办电讯、邮政、轮船运输业务；创办军事工业和矿业；1870 年成立工部省，大力发展工业；1873 年成立内务省，主管农业、纺织业以及贸易等相关产业；1880 年颁布《官业下方令》，掀起工业革命高潮；19 世纪 80 年代中期，日本铁路、军工、矿上、棉纺等近代工业部门相继建立，奠定强国之基。

通过对英、美、德、日等四个主流强国发家史的简单考察，我们发现他们都是通过工业革命以及技术创新，发展工商业起家的，他们相继崛起的背后是强大的工业基础支撑力。工业化，也就是意味着现代化。从更本质的意义上讲，工业化的意义可以概括为以下三点：

第一，最新技术的交换。工业革命如同一个引擎，它在某一个国家先行，又相继蔓延到其他国家，本质就是最新技术的一种交换与学习，是后发展国对现发展国的一种能源资源交换与技术学习过程。更确切地说，它实际上就是一种生存经验的传递，一种最适于集团财富增加的工业化生产经验的累积。

第二，对国内资源的一种整合过程。工业化是一个十分复杂的社会互助协调过程。最新技术只是一个引擎的带动作用，它还需要整合整个社会的力量参与技术创新与劳动生产，以钢铁生产为例，最新锻造法是钢铁生产过程中的创新力量，钢铁的生产还需要矿工、搬运工、科研人员等一系列十分复杂的社会协作，才有可能完成这样一个炼钢的生产劳动行为。这也就意味着，炼钢不仅创造了真实的社会财富，更重要的是它是一个社会互助协作的行为，首先通过炼钢能够进行社会资源的互换。其次，炼钢的过程中涉及的一系列工种等同于创造了数量可观的就业机会，每解决一个人的就业问题，相当于解决了一个社会家庭的温饱与安顿问题。因此，工业化也是社会稳定的基础。

第三，工业化的真正意义在于它创造的是真实的社会财富。工业化涉及面广，有农业、轻工业、重工业，有助于社会内部的协调互助与就业机会，更重要的是工业化创造的是真正的社会财富，这也就意味着国家实力的真正增强，人民购买力的真正提高，而不像现在美国以美债为基础印发美元，促进国内借贷消费的虚假繁荣、泡沫经济。

三、中国崛起

中国的崛起，正是得益于不余遗力地推进工业化。新中国成立 70 周年以来，我们面对国内外复杂多变环境，披荆斩棘，艰苦卓绝，取得世人瞩目的伟大成就。迄今为止，我们建设有全球集成系统最强、运力最大、运速最高的"复兴号""和谐号"高铁、拥有完全自主知识产权的三代核电技术代表"华龙一号"、首次完成海上"一箭七星"发射任务的长征十一号；2018 年我国 GDP 规模达 90.03 万亿，约合 13.6 万亿美元，占全球 GDP 1/6，世界排名第二；2018 年，中国粮食产量 13158 亿千克；2018 年，中国城镇化人口比重 59.6%，人均 GDP64644 元；2018 年，我国制造业总产值 3.6 万亿美元，全球占比超过 20%，并建有全球唯一完备的工业体系，涵盖联合国规定的产业分类中 39 个大类、191 个中类、525 个小类，是名副其实的全球第一大工业生产国。或许大家对这些没有直观的概念，那么对比一下新中国刚成立之初：我国 GDP 总量不足 200 亿美元，人均 GDP 约 23 美元，城镇化人口 10.6%，落后不堪的工业水平等，是不是会清楚些。

中国取得成绩的原因在于坚持了工业化的建设方略。如上所说，工业化不仅能创造真实的产品与财富，更涉及到一系列的社会互助协调行为，能带动社会整体发展，促进就业，提高劳动生产率，稳定社会。我国的工业化经历了一系列复杂的过程，简单来说，可以分为五个阶段：

第一，毛泽东、周恩来等老一辈领导人领导的"一五计划"156 项目等（1949—1977）。1949 年新中国成立之初，全国工业总产值在国内

GDP 占比不足 15%，1952 年全国工业总产值 349 亿元，经过"一五计划"，1957 年，全国工业总产值达 704 亿；到 1977 年，工业总产值达 1372 亿元。虽然中间由于特殊原因，增速减缓，但经过毛泽东领导的国民建设，创立了独立完善的工业体系，为之后快速工业化奠定坚实基础。

第二，改革开放初期至 90 年代初（1978—1991）。1978 年，全国三次产业比重为 27.7∶47.7∶24.6，总的就业人口中，第一产业就业人口达 70.53%，我国仍然为典型的农业国。经过产业结构调整，至 1991 年底，第一产业就业人口从 70.53% 降为 59.7%，轻重工业比重由 56.9∶43.1 调整为 51.6∶48.4，更趋合理。

第三，邓小平南方讲话至 20 世纪初（1992—2001）。工业总产值大幅增加，从 1992 年的 37066 亿元增至 2001 年的 95499 亿元，规模以上工业企业利润增值 700%。

第四，工业发展高速期（2002—2011）。粗放型经济发展模式带来环境问题，党十六大报告提出新工业化道路：以信息化带动工业化，以工业化促进信息化，走出一条科技含量高、经济效益好、资源消耗低、环境污染少、人力资源得到充分发挥的新型工业化路子。通过工业结构调整，技术密集型产业得到快速发展，以汽车、电气机械及器材制造为例，汽车行业 2011 年总销售量为 1930.3 万量，是 2001 年的 8 倍多，电气机械和器材制造工业企业利润总额从 2001 年 235.32 亿元增至 2011 年 3310.1 亿元，增长了 13 倍。值得一提的是，2008 年受美国金融危机，政府提出 4 万亿投资计划，通过投资基础设施建设对冲外需减少冲击，钢铁、水泥等基建类工业产能迅速扩大，2010 年，我国粗钢产量 6.388 亿吨，较五年前增长 1.8 倍。

第五，近十年（2012 年至今）。改革开放 40 多年来累积的工农结构矛盾、区域发展不协调矛盾、经济发展与资源环境约束矛盾，三期矛盾叠加，为此国家提出创新、协调、绿色、开放、共享的工业化发展理念，解决经济中不平衡、不均衡问题，加快经济发展中新旧动能转换，对标

《中国制造 2025》，实现由制造大国向制造强国的转型。

从上面可知，我们知道了中国所以能够一直不断的发展，不是其他国家恩赐的，而是中国人民勤勤恳恳干出来的，因为中国人民一直在从事实体经济的生产劳动，从事农业、制造业等的实际创造。说到底，人类财富都是通过本能劳动的创造获得的，而最能体现本能劳动的产业就是农业和制造业。也因为这样，中国劳动人民创造出来的经济才是货真价实的实体经济，中国人民币才是最稳定的货币，因为每一分钱的背后都是劳动者辛苦的产品创造，并且有强大而稳定的政府作为保障。

四、中国危机

居安思危，方能不至于临事危难。中国崛起的背后，也有着明刀暗箭，需要时时加以小心戒备。由美国主导的西方社会打压中国势力是全方位的，因为从历史上的经验可以知道，所有试图超越美国、挑战美元霸权的国家或主权势力，都被美国或用美军武力或美元势力给做掉了。强大如前苏联、繁荣如东南亚、兴盛如欧共体，崛起如日本，乃至如今的中国，都不可避免美国强权压迫的命运。美国的手段是以美元霸权为核心武器，以美军势力为强权武装，以自由、民主、人权等意识形态工具为辅助，全方位地做空一个地区、一个主权国家，乃至强大的匹敌对手。事实上，美国人遵守的是动物界食物链的逻辑，即一山不容二虎，卧榻之下不容他人酣睡！

事实上，美国利用美元已经在中国劳动者身上刮了一层又一层的真实利益。在 2008 年美国金融危机爆发之前，中国还是以出口为主的出口型大国。出口创汇意味着中国劳动者以自己真实的劳动财富养活了美国一群不劳而获的懒汉。事实上我们知道，美国人用美联储毫无节操的量化宽松政策一次又一次大量印发美元来赤裸裸地抢夺中国人的财富，他们的无耻嘴脸正慢慢地被全世界劳动者所熟知。

当然，他们并不满足于简单的印刷美元，稀释别国购买力。他们还在全世界宣扬金融自由的理念，一些无耻且无知的崇美者竟然还迎合他们这种邪恶的阴谋，在自己的国内大肆宣扬金融自由与金融开放。那么且让我们看看所谓金融自由的真正意思吧。20世纪90年代，苏联金融开放，70年积累的财富一扫而空；东南亚金融危机，源于泰国金融的自由开放给了金融投机分子机会；再看看那些金融完全开放国家的下场，如韩国、阿根廷等，本国核心资产为他国控制，相当于将自己的命脉交给了美国，只要不听话，美国就可以在政治、经济、民生全方面的管控和打压，不怕你不听话。有人或许会说，我们可以加强金融监管，但事实上哪个国家面临金融危机没有进行过金融监管？如果金融完全开放，外资大量涌入，那么没有父权保护的本国金融业就面临着外来资本的合法竞争，当外资的参股比列高于本国时，那是不是意味着外资就有了话语权？再想想，如果这些行业涉及国防、医疗、粮食、通信等国计民生核心利益部门时，我们的命脉是不是就被这些金融资本家牢牢掐住，到时候说什么法律保护都已经为时晚矣。因为只要金融开放，外资就有合法的权力参与金融竞争，就算他们真的掌握了我国的经济命脉，我们的法律还是只能保护他们，而不能对他们进行惩处。因此，金融行业的控制权关系国民经济命脉，是国家经济主权的重要体现，决不能大权旁落。如果金融行业有失，那么我们辛辛苦苦积攒的家业，很快就会成为金融资本家的盘中餐。

其实那些口口声声称金融自由的国家从来都是双重标准的，如美国，一个美国人可以在中国各大银行用美元任意地兑换人民币，这意味着人民币对美元是开放的；而一个中国人你拿着人民币去美国人的银行，绝不可能兑换到一美元，这说明了美国金融对中国是不开放的。另外美国银行对外资入股也有诸多限制，监管之严，跟他们倡导的金融自由格格不入。早在2008年，美国财政部就规定了，只要外国投资涉及控制权变更，就会启动对外投资国家安全调查。美国最大的九家银行，即花旗银行、美洲银行、摩根大通银行、富国银行等全部受美国本土资本控制，从来不假手他国。

金融危机与金融开放成正比关系。我们发现，所有的金融危机和市场波动，均与金融炒作和产业脱实入虚有关。当货币的价值不再与实体性生产挂钩，而仅是与市场的信心和一些所谓的股市预期挂钩时，那么市场就会动荡不安。此时的市场就会给外来投资资本创造一个进行金融掠夺的机会，此时为了投资就会用舆论和汇率当作武器，对相关的财产进行掠夺。国外投机资本最容易进入的领域一般都是股市和房地产。因为有股市和房地产不需要复杂的生产劳动，所谓的交易也仅仅是通过文件签署和资金的流动即可完成。其短逻辑性特征可以使资金短时间内大出大进。如果资本进入实体生产当中等于说父权的管理进入了较为复杂的运营体系之中，因为实体生产的逻辑性很复杂，运营周期性很长，而且资本一进去往往会有长时间的流动周期，加之实体生产的利润非常薄，往往可以用数据来计算，远远不能够跟炒作房地产和股市所获得的利润相互比较，所以国际投机资本不会将钱投入到任何国家的实体性生产领域之中去。

五、中美贸易战

美国自从特朗普上台之后，针对中国的贸易摩擦就一直不断，进而演变为中美之间的贸易战，如中兴事件、华为事件等都是这场贸易战的体现。其实这是一场有预谋的美国霸权行为。其真正目的是遏制中国产业升级，并迫使中国金融的自由开放。中国 2025 战略产业规划和中国政府管控金融的做法让美国人既担心又恼恨。因为自从布雷顿森林体系解体之后，美国利用美元这一信用主权货币武器，全世界到处空手套白狼，靠打白条享受着全世界的"进贡"，而本国的制造业，早已经被金融业全面取代。想想偌大的一个美国，制造业的 GDP 贡献率不足 11%，而金融却超过 8%，加上科技、知识产权等的比重，美国真正从事实业、创造财富的人却寥寥无几。可以说，全世界给美国劳动生产，美国是以不负责任的美元支付进行消费的消费型国家，如同食物链动物，只消费，不生产。这样一个庞然巨大的美国，现在靠的就是美元霸权和美军武力来盘剥全世界，因为美元来钱太快了，只要"嗖嗖嗖"地一直印下去，全世界的产品跟着就"嗖嗖嗖"的滚滚而来……想想一个好吃懒做、只会赌博、而且人家不跟他赌他就到处打人的这么一个人，看到邻居家一个身材差不多又勤勤恳恳工作的人，而且邻居家的小孩还不打算跟他赌博，这个好吃懒做的人会怎么样？无疑，肯定会想尽办法去抢邻居家小孩的钱。美国的心态就好比这个好吃懒做的家伙，而中国就是邻居家勤勤恳恳工作的人。中国的 2025 制造业升级规划，就是中国人勤勤恳恳的工作，对工作的再升级，而美国要求中国开放金融市场，其实也就是相当于要求中国去参加他的赌博，因为美国是庄家，所有参与的人都得给他交钱。那么我们当然不傻，我们要坚守我们的底线，勤勤恳恳工作，不参与赌博。也就是说，我们不能走美国的老路，美国从工业大国转变为金融大国，由真正生产真实财富的国家变为靠美元盘剥世界的空手道国家，典型的脱实向虚型国家，来钱太快之后就会养成不劳而获的心理，所以即使美国提出"再工业化"的政策，金融资本的惯性也绝不是那么容易改正，这样就形成了一个恶性的循环：美国人大量印刷美钞，全世界给他买单，而问题是这种没有基础的美钞终有一天是会破灭的，那天终将到来，而美国也终将为自己的无耻行为付出应有的代价。中国与美国决然不同。我们习惯于勤劳工作，更重要的是我们是公有制大公无私父权社会，我们的货币是人民的货币，是用来服务于人民，而不像美元，只是一种财富掠夺工具而已。

第四节 出 路

一、货币正义

人类正饱受以美国为首的私有制国家非正义货币权力的种种荼毒，我们必须有所应对。所谓非正义货币权力，即借助自身强权和武装优势，利用货币在人类内部肆意地制造种种差别、肆意盘剥，以邻为壑，将货币扭曲为掠取他国财富的工具。我们知道，在公有制道义父权社会，是不需要货币的。因为可以通过政府的行政指令来充当货币的用途，人类之所以需要货币，是因为随着社会生产力的提高，社会生产与社会协作水平的增大，已经不能再满足于以物易物的直接交换形式。货币的基本功能就是加速资源的交换速率，以更快、更便捷的方式实现全民的生产互助。如农业部生产粮食、渔业部生产鱼类，畜牧业部生产各种肉类，各个部门为了方便各自的产品互换，并在全社会范围内实现产品互换，分发到各个家庭，就需要一种能够记录产品数量与价值的票据。这种票据以国家的主权信用为基础，由国家权威部门分发到每一个家庭，作为领取生产产品的凭证。所以，货币最初是为了加速全社会的生产互助，为了让每一个家庭都能更快、更便捷的换取到全社会的劳动生产产品，绝不是国家政府嫁祸于他国、嫁祸于民众的工具。但是货币在历史的演化过程中，尤其是当美国以石油替代黄金，并且以自身国家债务作为货币发行凭证的时候，货币就被扭曲为新型的便捷剥削工具。美国利用自身的世界霸主地位掌握的货币发行权，是一种非正义的货币权力，因为它利用货币并不是用来加速世界贸易的速率，以及增进全世界人民的生产互助，而是遵循一种资本的逻辑，以资本生资本，以钱生钱，甚至故意制造世界动乱，挑起战争，用颜色革命扰乱他国、软硬兼施、肆意妄为，目的就是输出美元以榨取全世界的财富。

这种非正义货币权力像动物世界的狮子一样，是一种利用强权谋取利益的动物心理逻辑。

我们呼吁货币的正义。货币的正义就是要回归货币的本质，让货币服务于人类的大生产，让货币能充分发挥它加速生产互换、增进社会协作的作用，而不是退堕成资本，以自身的增殖为唯一目的。需当明白，货币从来不是人类的唯一目的，毋宁说，货币只是实现人类生存的便捷手段。当货币由一种手段异化为人类争抢的目的时，不道德是逻辑的必然。我们发现，货币正义与否，是跟父权的性质相一致的。当货币的发行权掌握在私有制自私自利父权手中时，货币注定会退堕成资本。因为自私自利父权是由一种如动物般自私自利的动物本能心理驱动的。它注定自私自利、唯利是图，它不会顾及家庭中、社会中、国际上所有人的死活，而只是想用强权与武力，压榨或骗取，以实现货币的集中，因为货币的权力就代表着父亲的权力，代表着对生存资源的掌握。他们掌握的越多生存资源，社会生产总量恒定的前提下，意味着越多的人只能维持在生活最低线甚至食不果腹，如同食物链的金字塔结构，他们的体量是依靠竞食底层生产者来维持的。可悲的是，底层的生产者为了自己的一线生机，还不得不屈服于这样一种剥削关系之中。向上的路已经堵死，他们唯一能做的，难道是坐以待毙？

货币发行权应该掌握在公有制大公无私父权政府手里，因为只有这样的政府才会坚持"天下一家，中国一人"的大公精神。如同在一个家庭里面的道义父亲一样，他统筹安排全家的劳动生产，并且按照尊老爱幼的原则分配全家的劳动生产成果，家中人人平等，老有所养，幼有所教，壮有所用，每一个人都能充分发挥自身的作用，友好互助，共同维系家庭的繁荣与安乐。他不会放任家庭中的成员陷入无人照管的境地。货币的作用，充其量是充当劳动成果的记账符号，是父亲用来公平分配的一种方便工具，而绝不是说用来压榨家庭成员，造成你贫我富、你劣我优的一种掠夺道具。人类社会，国与国之间，也应当遵循伦理互助家庭的基本原则。政府，相当于社会中的父亲角色，他应该拥有货币的发行权，并且将货币用以正途，用来促进劳动互助，促进社会协作，加速生产交换，并且让每一个人都能过上幸福的生活，也就是公平地掌握生产资料。

二、金融监管

在如今私有制自私自利父权占主导的历史条件下，我们尤其要重视金融领域，因为金融领域是国民经济的命脉，关系着千千万万人民的核心利益和国家的安全稳定。在金融自由的浪潮声中，我们必须保持清醒的头脑，要严守底线，为国家与人民的安全，筑堤建坝，防止外国势力借机渗透，危害我们的货币主权。金融、核电、民航、航天、电力、通讯、媒体等领域，我们必须牢牢掌握国民经济的主导权。离开了对国有经济的掌控，我们的国家也就等同于失去了稳固的基础。试想一下，如果一国的核电、金融、电力、媒体等部门都被外国资本掌握了控制权，也就相当于我们失去了这些领域的主权，因为这些领域是关系国计民生的核心领域，即使我们拥有完整的国土面积，如果我们失去了对这些领域的掌控，外国势力就能轻易地颠覆国家政权。美国在"二战"后利用美元霸权，大肆鼓吹金融自由，借机倾覆他国政权，搞乱他国内政，让无数人流离失所的前车之鉴，我们必须牢牢记住，引以为戒。此外，美国在中国金融市场的渗透和扩张是华盛顿经济政策中一项长期战略目标。实际上，美国大部分针对中国的索赔、起诉、贸易制裁等的目的都是为了换取中国金融市场彻底开放的筹码。

私有制自私自利父权向公有制大公无私父权转化是历史的必然。私有制国家经济周期性危机，让私有制国家也开始注意对经济进行一种类似公有制父权的管控。经济危机之后的资本主义强国，纷纷加强了监管：英国政府牢牢控制英国银行；法国最大的十家银行中有八家是国有银行；日本超 90% 的金融股权在本国手中；美国对外大肆鼓吹金融自由，对内则加强金融管控，如美国以立法的形式，严格管控外国资本渗入本国银行系统，在其国家安全法中，对涉及国家安全的外国资本将进行立案审查。对外，他们则推行双重标准，鼓吹金融自由，我们发现大多数新兴市场国家在金融开放之后都会或早或晚地出现金融风暴，如遭到外国资本做空，大量资本出逃，楼市股市崩溃，而当政府想要挽救经济时，才发现自己已无能为力。因为现在经济命脉不是矿山和其他基础行业，而是金融。当金融被操纵，整个经济陷入极度困境时，恰好又为西方资本彻底操控这些国家的经济命脉提供了机会。据世界银行统计，100 多个发展中国家在采用了美国推荐的华盛顿共识等金融自由化的方法后，从 1980 年到 2000 年，105 个国家平均年经济增长只有 0.8%，细思其中原因，不能不让人警惕再警惕。

三、实业兴国

只要稍微留意一下就会发现，那些遭受金融风暴的发展中国家，在风暴过后，本国的经济基本陷入死局，难以恢复。如上所说，金融危机往往是金融资本家对发展中国家的"割韭菜"效应，通过操纵汇率，做空一国经济，而受影响的绝不仅仅是经济，还包括政治、民生等方方面面，最为关键的是本国的核心国有企业被金融资本家收购垄断。金融大权旁落，也就意味着民生等基础产业也被金融资本家操控了，而资本只会寻求更高的利润而绝不会投资于民生基础行业，这样的一个结果就是国内民生、工业等实体产业薄弱，因为实体经济是一系列复杂的链式生产销售过程，资本回笼时间长，不符合金融资本家短且快的资本投资逻辑。总结起来，发展中国家金融危机后难以恢复的根本原因是相关民生基础产业基本上已经被金融寡头完全控制，而国内的工业化又比较薄弱，相关配套设施不完善，交通、物流等又存在比较大问题。即便是人工成本再低，也无法满足快捷、高速的工业化生产的配套需求。因此即便是劳动密集型产业也会由于上述原因，而无法吸引外资注入，以改善本国的经济状况。

有鉴于此，我们必须大力发展实体经济，以第四次工业革命为契机，大力推进工业化与信息化的水平，以高科技为引领，促进制造业的转型升级，发展高端制造业。因为公有制道义父权政府它首要关注的就是民生，民生的根本在就业，所以要千方百计解决社会就业问题。只有实体经济能增加就业的机会，促进民生。之所以要大力发展实体经济、促进国家的工业化水平，是因为工业化可以增加社会运营的复杂性和逻辑性。大家需要明白的一个基本道理，任何一个工业化产品都不是一个终极状态，只是工业化生产过程中的中间过程体。这也就意味着工业化实际上是一个社会大协作的过程，通过产品的生产，带动整个产业链、上、下游，以及整体性的生产与消费之间的链接。工业化生产绝不是简简单单的几家企业联合生产，而是整个社会的整合过程，涉及整个社会的方方面面，它可以很好地带动交通、物流、基础设施、生产终端等，从产业链的低端到顶端。一个地区，或者一个国家的工业化生产，是对整个国家政策、生存资源、人力成本、劳动成果等的整合，它能带动国家就业，就业的稳定也就意味着国家社会的安稳。

人类世界需要系统的稳定，不应该像动物一样饥一顿饱一顿。监管金融与发展实业，促进制造业升级，解决劳动者就业问题，是一体两面的事情，目的都是为了创建一个稳定、平衡的人类生态环境。私有制父权政府利用金融资本，在人类内部制造食物链，给人类世界造成了各种动荡不安。生活在被资本支配、控制世界中的人，仿佛生活在动物世界中一般，时刻都小心翼翼、谨小慎微。放任资本的自由流动，实际就是将人置身于动物世界，任由弱肉强食的资本逻辑蚕食，结果就是大量的失业与少数的暴富，造成社会基础的动荡不安。所以政府稳定社会的一个重点就是要管控资本的流动性，让资本流向不发达地区、以及那些实体基础性行业，而不是任由资本向高利润行业自由流动，放任资本流向高利润行业的结果只能是两极分化和大量的失业人口，必然影响社会的整体稳定。我们国家之前的全国一盘棋战略，西气东输、南水北调、云贵高原大扶贫等都是引导资本向贫困地区及实体性行业流的经典例子。

我们还需要大力发展内需。以美国为首的私有制资本主义国家，靠着滥发美元掠夺我们的劳动成果，造成我们实际购买力下降，原因就在于我们过分地依赖对外贸易，而忽视了内需市场的建设。2008 年美国金融危机之后，全世界人都看透了美元的邪恶本质，都在或多或少地减持美元债务，而我们国家则由外向型贸易走向内需市场建设。人类作为万物之灵，是整个动物世界既能生产劳动又能消费的一个特殊例子。以美国为首的私有制国家，对外依靠美元等武器，掠夺财富，对内实行高福利政策，是彻彻底底地由内到外依靠掠夺就能获利的国家。之前维系很长时间的一种状况是：美国为首的欧美国家负责消费，中国等第三世界国家负责生产，通过美元的印刷，源源不断地劳动产品流入欧美，而留给第三世界国家的是超量发行造成的通货膨胀，以及人们日益紧缩的裤腰带。在此基础上，欧美民众高福利高消费，因为福利好，然后没有后顾之忧，欧美国民众没有储蓄的习惯，而中国民众，勤劳朴实，福利没有保障，有后顾之忧，因此有储蓄的习惯，两种生存模式的比较，可以类比食物链之中的动物和有计划性的人类。

当美元的本质日益显露，我们幡然醒悟：应该打破美元依赖，发展内需。对一个国家来说，只生产或者只消费都是不健康的，生产和消费是一个平衡系统的两端，只有将生产和消费结合起来，才能形成国家内需循环，这样既有财富的创造，也有财富的享用。当然，这样一种内需的平衡只有在公有制父权政府的主导下才有可能实现。因为私有制资本是追求节节高的，只有公有制父权政府才能对扮演好市场需求设计者的角色，能对全国市场统筹安排，以避免重复建设，减少内部消耗，将更多的资金引导投入养老、教育、医疗等领域，让每一个人都有工作。只有这样，每一个社会成员就都能生活在一个稳定的社会环境中，不再因遭到资本的驱逐而感到动荡不安。

下篇

命运的选择

第七章
性格与命运

习惯决定性格，性格决定命运。所谓命运，说的是一种规律性和模式化的波动痕迹。

不知大家是否发现，在我们论述的全书第一、第二章，实际上所有的理论源泉都是人类伦理互助的家庭这一类生态系统。第一章，我们着重说明的是人类借助家庭这一类生态系统结构实现了从动物世界的一种飞跃。从生物学角度来说，人跟动物存在的差异性是很小的，只是因为人类改变了生存的模式，借助伦理互助的家庭这一复杂的协作团体，才有了语言的丰富，意识的发达和智力的极大提升，才"从动物演化为了人"，也就是说，人类是依靠伦理互助的生存模式才走出食物链的。

第二章的逻辑跟第一章实际是正好相反的：第一章是由动物到人，第二部分则是由人到动物。那么，明明是人，为什么会变成动物呢？这超出动物，又得回归于家庭，人类之所以是因为在家庭这一复杂的协作团体中，家庭成员由动物的二变成了三，由不稳定态转为了稳定态。稳定态的人类可以从事有计划的生产劳动，可以进行公平合理的生产资源分配，可以让每一个家庭成员从小到老都能得到很好的照顾，不再像动物那样动荡不安。但是人类的私有制社会模式却把人硬生生地拖向了动物世界，因为私有制社会是完全模仿动物世界的，人类与动物不同的仅仅是，动物是以身体为竞食手段，而人类则以差异化的智力水平为竞食手段。事实上，人类的智力水平也是借助于伦理互助家庭代代传承与发展才获得的，是社会集体互助的产物。可是私有制下，这种社会互助的产物被扭曲了，被一些别有用心者人为的利用来作为食物链层级分化的工具。因为人与人是同一个物种，如果不利用差异化的智力，又怎么能够合理、合法地进行一部分人对绝大多数人的剥削，实现非劳动智力活动者对广大劳动者的剥削呢？这种非劳动智力活动之所以能够得逞，还多亏了货币的发明与使用。如果没有货币，非劳动智力活动也就无从实现对本能劳动的榨取。正是以货币为媒介，非智力劳动者才能靠着滥发货币一而再地骗取实实在在的本能劳动成果，如以美国为首的私有制国家，作为纯粹的消费者，正是靠着滥发货币，来骗取第三世界劳动者的劳动成果，过着高消费、高福利的生活。人类世界在国与国、国内的各行业、家庭外人与人之间，因为货币资本，形成了大大小小的各级隐形食物链，过着弱肉强食，你高我低的生活。

在由动物演化为人与由人退化为动物的循环运动之间，我们赫然发现了人类的命运。简言之，命运是跟人类的生存模式息息相关。在不同的生存模式中，人类命运的轨迹天差地别，而只有深刻明白人与动物进退两种演化模式，才能够更好地理解何为人类命运，以及知道如何把握人类命运。

第一节　食物链与命运

一、从动物世界说起

在谈论人类命运之前，我们不妨先看看动物世界，因为人跟动物是同根同源的，通过观察动物世界，相信会有不少有益的启示。不知道大家是否曾经留意观察过动物世界的具体生存模式，其中有这么一个现象值得我们留意与思考。在动物世界食物链中，不论是哪个层级的动物，上至食物链顶端的虎豹豺狼，下至食物链底端的鹿马牛羊，甚至更为底端的鼠兔虫蚁等，都能清清楚楚地知道自己处于食物链的什么位置，以及谁是天敌，由此构成食物链的一种拼图结构：各种动物都按照一种既定的自然法则，选择自己在食物链中的位置，以及由此产生的一种本能性心理。无须相互认识，它们以"前知"的形式，预知了自己的生存处境。与此同时，与它们在食物链地位相匹配的是它们模式化和惯性化的一种本能性心理，即一种带有规律性特征的心理反应模式。

那么这种带有规律性特征，模式化和惯性化的本能性心理是什么呢？为便于类比与理解，我们以为称呼其为动物的性格是合适的。大家可能会对此不置可否，认为怎么动物也会有性格吗？没错，动物也有性格，而且从根本上说，人的性格在生物学层面跟动物是一致的。让我们对比一下人与动物的性格的生物学机制，就一目了然了。大家知道，动物是以虎斑纹的抽象记忆形式来认识这个世界的，也就是说，为了节省生物学内存，动物会以部分压缩的视觉图片形式进行记忆，在记忆过程中，伴随着分类识别，即将记忆对象按重要性和危险性进行分类，如天敌、食物、伙伴、巢穴等，最后那些事关生存的重要信息就以虎斑纹的形式跟动物的神经系统匹配，产生一种模式化的反应，如看到天敌，产生恐惧感，继而拔腿就跑；看到食物，见猎心喜，然后猛冲向前；到了巢穴，心态平衡，有安全感等。我们再来看看人类，如我们在第一章讲过的，人类除了拥有动物的抽象记忆功能，还发展了人类语言的数字化记忆能力，能够以极小的内存损耗，记忆大量生存信息。但是在基本的分类上面，人类跟动物是一致的，即无论信息是多么的纷繁复杂、花样百出，人类还是会如动物一样将这些信息分成天敌、食物、伙伴、房屋等基本的信息，并且跟人类的神经系统相匹配，进而产生模式化的反应。人跟动物不同的地方在于，人类通过语言存储的大量生存信息，智慧提高了，对生存场景的预见能力也提高了，发展出了长逻辑的反应模式，心态会显得相对平衡，不像动物那样急促不安，仅此而已。

由此，我们也就知道了所谓动物的性格，其实就是动物在应对食物链生存环境时的一种惯性化和带有规律性的情志反应模式，这种反应模式实际上又是动物在食物链生存环境中的全息投影，它折射出是实际就是动物的命运，那些急促不安、小心翼翼的，多半是食物链底端的动物，而那些勇敢凶猛、自信不凡的，则多半是食物链顶端的动物，如虎豹豺狼等。

二、何为命运？

基于上述，我们不禁要问，那么到底什么是命运，以及命运跟性格的关系又是什么呢？再次观察动物世界，我们发现在遵循弱肉强食、优胜劣汰的动物世界食物链生存环境中，时时刻刻都在上演着你方唱罢我登场的生存斗争游戏，在这场游戏中，不同物种之间，强势一方主导了弱势一方的生存权；在物种内部，身体强健的个体，在彼此的斗争过程中，获得了继续生存下去的交配权。也就是说，不同物种之间，彼此的命运关系是灭亡与被灭亡；同一物种之间，则是那些身强力壮的个体掌握了命运的主导权，过着一种拥有丰富生存资源的良好命运。但是，如果我们一直看下去会发现，动物的这种依靠身体维持的好运是不长久的，因为再强壮的动物个体也终会有老的一天，会有衰弱的时候，而当它老了、衰弱了，那么它的好运也就到头了，因为后辈中强壮的个体会挑战它的权威，并且会打败它，抢走它的生存资源，让它一无所有，只能四处流浪，而它也就经历了由盛到衰这样一个生存的命运曲线。

所以，不说种外，就种内个体而言，它们的命运也是遵循着这样一种规律性：动物的命运是跟它们的身体盛衰周期成正比关系的，即当一只动物身强力壮的时候，它能轻易地获取生存资源和生存交配权，它就走上了好运；当它老了，身体衰退时，再也无力为自己争取到足够的生存资源，只能捡些剩菜残羹，了度残年，换句话说，就是生活落魄了，跌入了命运的低谷。动物世界食物链模式下，每个动物都不能免于这样的一种基本规律。

那么，性格与命运的关系又是如何呢？我们知道性格是规律化和模式化的情志反应形式，命运是适应性生存的一种痕迹记录，而这种痕迹记录的方式就是性格。可以说，性格是命运的反映，而且性格决定命运。就动物世界而言，有什么样的性格就有什么样的命运。如食物链顶端的食肉动物，它们心态相对平衡，而且自信勇敢，与此相对的是它们拥有食物链底端生存的主导权；食物链底端的植食动物，它们的心态比较容易受到惊吓，而且胆小不自信，因为它们时刻还得想着怎么避开厄运，获取生存，所以它们的性格波动很大，很容易受到环境的影响。

第二节　人类性格体系

一、始祖的遗产

接下来我们再来看看人类世界。相比动物世界，人类世界有着更为复杂的生存环境和更为复杂的影响因素，因此人类的性格与命运也就显得更为复杂，如果说动物世界是线性的直接决定关系，那么人类世界则是非线性的多因素组合影响关系。人是出生于动物世界，而又进于人类世界，因此，人既有动物的本能性，也有人的特殊性。比如人跟动物一样都是依靠抽象分类识别的机制来快速适应环境，因此人跟动物在性格方面的基本机制是一样的，但与动物世界不同是的人类创造了新型的适应生存模式，这种模式让人类走出了动物世界，也因此然人类有了跟动物不一样的性格表现。

进化史上，是人类首先创造了家这一具有特殊进化意义的团体互助小单元。家的出现，意味着人类由动物世界"只知其母，不知其父"的二，转变为"父母在堂，其乐融融"的三，由二到三，不仅是数量的增加，更是质的变化。在繁殖方式上，以一夫一妻代替了动物世界不公平的繁殖方式，让每一个个体都能均等地享受繁殖的权力；一夫一妻让家庭中的父亲有了归属感和责任感，让他能够担任起保卫家园和安排家庭生产的任务；家的意义还在于，人类因为小团体的力量，摆脱了食物链的竞食模式，而能够有计划地从事生产劳动。在食物链环境中，动物只能同时相互竞食获得生存的机会，人类则不然，因为家庭互助单元的建立，人类可以在父亲的保护和指导下，有计划地开展劳动，并且收获的劳动成果又能够以尊老爱幼的形式平等的分配给家庭中的每一个成员，不论是老的还是小的，都是得到足份的生存资源。这样，家庭就可以一直维持下去，而人类也可以一直把生存的经验，一代又一代地传承下去。即使遇到天灾人祸，总会有人能够把上一代的经验成果传到下一代。因此自从有了家庭，人类的进化才开始了螺旋式的上升，而不像动物停留在身体层面，缓慢进化。

实际上家是模仿人类母亲子宫建起来的温暖平衡的能量场。有了这个能量场，人才能不再像动物一样处于动荡不安的环境。

人类以伦理互助的家庭形式，度过了原始共产主义社会的数百万年。数百万年的时间，人类以家的形式，在全社会范围内建立起温暖的生存互助团体。人类母亲—互助家庭—公有制社会这一逻辑链条的影响，实际上也在人类身体中留下了成果，或者可以说就是始祖留下的遗产。这份宝贵的遗产，包括人类完美的大脑组织，以及富有道德与伦理的心理平衡系统，即数百万年的伦理互助生存环境让人类只有在伦理道德的氛围中，才能够达到心理的深层平衡。动物世界食物链的生存环境只会让人动荡不安，而这也就是人类社会与动物世界的基本差别。

二、人类生存处境

不幸的是，人类社会自始祖原始共产主义社会之后，部分心理转化不成功的人类祖先，由于动物世界食物链心理的驱动，人类便辗转进入了以私有制为主导的人类悲惨历史阶段，奴隶制—封建土地所有制—资本主义私有制，尽管剥削手段不一，但极少数人占据绝大多数人的生存资源、社会两极分化、民生凋敝等如出一辙。考察其形式，从一开始赤裸裸的武力镇压，到之后的利用智力异化盘剥，可以说，人类脱离了动物世界的食物链生存环境之后，又悲惨地进入了由部分邪恶者所营造的隐形食物链。这种食物链下，人类只能服从丛林法则，人类的心理状态、性格、命运，从此无不与动物世界相差无二。因为我们知道，人类只有在母亲的子宫、伦理互助的家庭，以及由始祖创造的公有制原始社会中，才享有一种长时间的平衡与安全感，而在人类数千年的私有制历史中，隐形食物链环境下的人类实际上等同于活在动物世界，在丛林法则的规制下，强者掌控了绝大多数生存资源，享受着人上人的良好命运，而弱者或者流离失所，或者挣扎在生存线上，命运悲惨，所谓的强者也并非能够一直强下去，或者被更强的人取代，或者逃不过"富不过三代"的历史规律。因为私有制丛林社会的基本发展就是强者生、弱者亡，当你身体衰弱了，也就跟动物世界的老动物没区别了，剩下的只能是悲惨的命运。

三、性格曲线

综合上述，我们发现，人类既受着动物世界食物链生存模式的影响，也受着人类社会家庭因素的影响。如果说，动物世界是物种生存的基本模式，那么人类社会就是动物世界的逻辑延伸，即人类在生物学层面上与动物相差无几，而通过家庭，人类有了自身独特的进化模式。

人类的性格体系就是人类在动物世界与人类社会复杂混合的环境中，即人类隐形食物链生存环境中生存处境的全息投射，一种规律化的情志反应模式。因为在私有制社会，家庭仍然在一定程度上担任着伦理互助的角色，而在家庭之外的地方，则处处都是相互竞食的食物链生存形式。正是因为如此，人类的性格体系才会显得复杂，即不像动物世界弱肉强食，每个物种的性格模式都趋于一致，唯有人类，性格千万种，都跟这种相互杂合的环境是相关联的。

大家可以来看看三个基本曲线：

曲线一，在动物世界，动物的性格是跟食物链层级相一致的，即越是食物链顶端的动物越自信，越勇敢，而越是食物链底端的动物就越胆小，越猥琐。之所以说胆小如鼠，就是因为鼠处于食物链层级的低端，不能够掌握充满的生存资源，所以畏畏缩缩。

曲线二，在人类公有制家庭社会这种伦理互助的氛围中，每个人都能均等的享有生存资源，不存在差距悬殊的不公平现象，因此每个人的心态都是趋于平衡的，不会像动物世界那样，高高低低，起伏不平。

曲线三，在人类私有制隐形食物链世界，也就是如今我们所处的社会环境中，人类的性格既受到家庭因素的影响，也受到食物链生存环境的影响，因此就有了千差万别的性格表现。那些生存状态比较好的，恢复到了始祖状态的人，心态和性格会显得波澜不惊，平衡度极高，这些人又往往是处于上层社会，类似于食物链顶端动物；而那些不好的，往往会谨小慎微，战战兢兢。这些人往往处在社会底层，类似食物链底端动物。

人类原本同出一体，都是由少数人类始祖衍生而来。所以人类不应该在内部进行隐形食物链的竞食，造成少数人的穷奢极欲，而绝大多数人却食不果腹。这是人类进化的退行，因为人类是借助于集体的互助力量才得以摆脱自然法则的束缚，而获得了一定程度的自由，但自然法则不甘愿，又利用人类本能性心理中的食物链法则制造了人类隐形食物链。自然法则不甘愿轻易地被人类征服，所以就利用部分人类始祖的本能心理，硬生生地把人类拉回动物世界中去！从人类性格体系中，我们能透视人类命运的走向，即是继续为人，还是回归动物世界。这是个大问题！

第三节　人类性格体系的形成原理

一、儿童性格形成原理

在明白性格的影响因素之后，接下来，我们具体考察一下人类性格体系的形成过程与原理。这可以从儿童入手，因为儿童正是处于动物世界与人类世界的交接口，是最利于观察的对象。动物的性格体系基本上是遗传作用，而人类的性格体系形成兼有遗传因素与后天教育因素。俗话说，三岁看老，即指在儿童很小的时候形成的性格是很难改变的，而在学龄前，儿童的性格已经基本定型。所以可以说，学龄前的教育影响着婴童一生的命运。儿童的成长原理跟树的成长原理是一致的，学龄前儿童的心理塑造就如同一棵小树的成长，其以后大致的发展形态与趋势关键就在于树的幼龄期的塑造，因为对正处于幼龄高速发育期的树木进行相关的塑造与整形要相对容易很多。

儿童期是一生当中大脑组织细胞增殖与分化的最快时期，因此儿童的心理成长实质与此是类似的。英国伦敦精神病研究所的卡斯比教授等一伙人曾经做过一个震动英伦三岛的实验证明了性格成形于年少时期：1980 年，他们对一千名三岁的幼儿进行考核，并根据对二十二个有关行为特点问题的解答确定幼儿的性格类型，包括充满自信、良好适应、沉默寡言、自我约束、坐立不安等五种类型，之后将实验的资料封存。到了 2003 年，卡斯比教授等重启案卷，并再次寻找这些孩子核对性格特征，令人惊讶的是，几乎无一列外的，幼儿时期的性格跟成年后的性格保持了一致性，由此也说明了"三岁看老"这句话的真理性。

正是在儿童期这样一个人类性格塑形最为关键的时期，来考察儿童性格形成的基本原理，才有格外重要的意义。因为掌握了这个规律，对我们而言，就等同于把握住了儿童一生命运的关键。我们知道，儿童在没有学会语言之前是跟小动物一样的，他认识世界的方法也跟动物世界小动物一样，都是通过视觉、触觉、嗅觉等感官功能，尤其是视觉的功能，因为它们都是主要通过图像的方法来记忆的。也就是说，儿童在掌握语言之前，用来认识世界的就是动物性的第一心理系统本能心理，而他学习语言的过程，也就是由动物转化为人的过程。儿童性格的形成实际上可以看作是一个由动物本能性食物链心理转化为人类伦理互助心理的过程产物。我们知道动物认识世界是以抽象分类识别的方法进行的，并与神经系统相匹配，如看到天敌会恐惧，看到伙伴和食物会高兴等。在儿童的语言学习过程中，实际上也就是在转化这些天敌象征，如果他能顺利地转化天敌，那么这个儿童就会显得很自信和勇敢；如果他不能顺利地转化天敌，那么在现实生活中就会显得很胆小，如害怕老师、权威者等，实际都是天敌象征没有消除的表现。

人类家庭是儿童心理转化能否顺利的根本能量场。儿童学习不是通过概念文字学习，而是通过行为语言模仿学习，因此家庭中父母的行为、语言健康与否，人性好坏与否，对儿童心理与性格的形成至关重要。有些家庭中的父母会苛责自己的孩子，认为孩子什么都不懂，如不懂礼貌、不懂规矩等。那么我们要请这些家庭扪心自问一下，你们自己到底有多健康、有多文明？因为儿童的性格是模仿父母的，也就是说儿童其实是父母的一面镜子，儿童的表现无非是照在儿童身上的父母表现。试问，你自己丑，能怪照的镜子丑吗？再回到家庭中来，我们说，儿童性格的转化成功与否，关键在于家庭的性质。

在一个伦理互助的家庭中，儿童通过语言的学习与模仿父母道德的行为，实际上这些因素都是在刺激儿童遗传自始祖的大脑功能，让儿童能够借助伦理家庭的环境，唤醒进化中道德的神经舒适区，这样儿童就能够实现对食物链心理的成功转化，而他的性格也就会显得平稳、庄重、自信与勇敢，也就是俗话说的情商高。而在一个非伦理的家庭中，比如父亲不遵守一夫一妻的家庭根本原则，在外面拈花惹草，对家里的老人小孩也不管不顾。这些非伦理的家庭生活场景，对儿童而言就是还原了一个动物世界，在动物世界，父亲不必对子女负责，子女也没有赡养父亲的责任。这样的家庭氛围会激活儿童的食物链心理，让这个孩子自私自利，在性格上会趋于不稳定、孤僻、不合群、胆小、不自信等，也就是通常说的情商低、不合群。家庭性质影响儿童心理的转化，而社会的性质又会深刻影响家庭，如私有制社会，实际上就是完全模仿动物世界的生存逻辑，在这种环境中，每一个家庭也不可避免会陷入到隐形食物链的旋涡中，而不得不活成动物世界那般动荡不安。

二、童年创伤

我们发现所有性格上的冲突与问题，都可以在童年找到一个影子。在性格问题与童年创伤之间，存在着一个因果对应的关系。这其中的基本原理是这样的：儿童未学习语言之前，依靠的主要是如动物般的本能心理，以及视觉图像为主的记忆形式来感知世界。随着时间推移，儿童长大，这种图像式的记忆内存会逐渐模糊，但是由图像所联想起来的感觉却一直没有改变。也就是说，尽管长大后的儿童不再记得曾经喜欢过或害怕过的人和事物，但是这些事物或者这些事物的联想象征物带给他们的情志反应是一直存在的，因为儿童是以本能性心理记忆的，本能性心理直接是与情志系统联系，而不是跟逻辑思维系统关联。所以长大后的儿童会莫名的喜欢一些事物或莫名的讨厌一些事物。这种"莫名"，实际上就是潜意识未被意识活动给逻辑化和条理化，所以给人一种无法理解的错觉。其实潜意识的语言是动物的图像式记忆，只有通过"读图"的形式，才能明白"莫名"背后的内涵。另外一个基本的机制是：潜意识中那些非道德的动物式行为想法永远都无法被意识化，因为在人类进化过程中形成，只有伦理道德才会让人感觉到舒服和安心，那些引起内心不安的非道德动物式行径想法，会被压抑成为潜意识，因为这些想法会让人不舒服，甚至不安。

因此可以说，所有性格上莫名其妙的疾病，实际都可以归结为儿童时期的一种伤害，这种伤害又以潜意识的形式一直延续到成年，因为儿童时期与成年期所用"语言"的不同，所以成年以后无法记忆和理解之前所经历的种种，因此也就无法解决性格上的病患。

三、性格类型

现代心理学对性格特征有种种的界定，更多地侧重于描绘心理特征与性格特征，而没有点名性格类型的实质性含义，比如说一个人是自卑的，它可以界定为这个人不合群、沉默寡言、不敢在公众场合说话等，但是它并没有指明这种自卑性格它的本质性形成机制和原理。事实上，性格类型的本质也可以从人类性格特征形成的基本原理中得到答案，即它实际上反映的是人类食物链心理的转化程度而已。我们知道人类性格形成是一个从动物世界食物链心理转化为人类世界伦理互助心理的过程，按照转化程度的不同，又可以分成各种不同的性格类型。如纯粹的动物世界食物链心理为动物类型，人类伦理互助的心理是人类伦理心理，在这个转化过程中的各种不同类型的心理就是人兽合一心理，如人羊、人狼、人虎……虽然听起来可能不是很文雅，但其中蕴含的基本原理确实如此。动物心理—人兽合一心理—人类伦理心理，这样一个逻辑链条，实质上也是性格由动荡不安的不稳定态向沉稳大气的稳定态转化的一个过程。现代心理学里面的内向型人格、外向型人格等实际也可以从中得到新的解释，如外向型人格就如同食物链顶端的食肉动物。在隐形食物链环境中，高情商的外向型人格能够帮助孩子更好的适应，这些孩子的家庭往往会宠溺他们、满足他们，让他们产生无所不能的感觉。因此他们会本能地觉得自己很了不得，会很自信；而内向型人格就如同食物链底端的植食动物，他们往往不自信，对自己的能力和未来都充满了一种不确定性和不安全感，造成这种情况的原因是由于他们内心的天敌象征没有在心理转化的过程中转化掉。在他们的心中，他们的天敌象征会时刻提醒他们所处的位置，所以他们时刻都会小心翼翼，惴惴不安，而这些人往往都是社会的底层人民，由于生存资源的困境，他们被社会上层的大资本家们困厄压榨，以至于连性格上都变得如同食物链底层的食草动物一样，唯唯诺诺了。

第四节　身心一体

一、古代哲学的启示

以上我们对人类性格特征的形成原理有了一个很纲要性的讲解说明，还需要着重说明的一点是，身体跟性格、命运是一体的。换句话说，身体素质的好坏，直接关系着一个人性格与命运的好坏。这个道理，在中国古代哲学中有过深刻的阐述与说明。在中国古代经典的命理学书籍如《渊海子平》《三命会通》等著作中，对人类命运的基本规律和原理有这样的揭示：五行合者，一世无灾。五行合者，一生所作皆遂所愿。这句话的意思是人的命运就是自身阴阳五行的变化，如果自身阴阳五行调和了、融畅了，那么他一生都会吉祥如意、事事顺心。此外，在古代算命方术四柱预测学中，也能够推出这样一个关联。例如，四柱预测疾病及性格时，一般是通盘考察五行平衡程度，然后结合某五行属性之过盛或不及而综合推算被预测者的性格及疾病。但是一旦预测诸如财运、子孙、父母等运气状况时，则会选日干所克或所生之固定五行属性，再结合用神及大运等进行单独的推算。由此可知，性格与疾病是四柱推算的全盘枢纽，而父母、财运、官运、子孙等则是四柱预测之分支。由此，再一次证明了身体与性格、命运等的关系。

二、中医情志说

除此以外，在传统的中医理论里面，对身体与情绪、性格及命运也有着深刻的揭示。中医情志学说的核心在于解释了身体各个脏器跟各种情绪的关联度，从而实证了"身心一体"这一科学论断。例如，五行为金、木、水、火、土；五脏为心、肝、脾、肺、肾；五情为喜、怒、悲、恐、思；五德为仁、义、礼、智、信。中医情志理论建构起了他们之间的因果联系，从而让我们有机会完整的了解身心一体的内涵，如：

金—肺—悲—义，

木—肝—怒—仁，

水—肾—恐—智，

火—心—喜—礼，

土—脾—思—信。

从上面这个完整的身—心关系系统中，大家是否发现了人类性格与命运的密钥？如我们可以观察一下一个肾脏功能不好的人，肾主水，肾脏功能不好会导致水虚土旺，这样的一个结果就是这样的人容易忧思多疑，遇事不决。也就是说，他的性格是受到他身体机制的影响的，身体中如果五行不协调。如心、肝、脾、肺、肾五种脏器中不管哪种脏器受到损伤，那么必然影响它的功能，也就是影响到五行的平衡，那么必然会在性格体系上有所表现。如一个经常爱生气的人，肯定是他的肝脏不太好，因为怒伤肝，经常生气必然损伤肝脏，肝脏损伤反过来又会加剧生气的频率，变成一个恶性循环；而一个爱生气的人肯定也不会有多少的好运，所以生理性、性格、命运，都是一个逻辑链条上的不同层次说法而已。在个人五行协调叫身体素质，在情绪表现叫性格，在生存轨迹叫命运，实际上都是一个事物的各种不同面向而已，其他如喜、悲、恐、思等情绪也如同怒一样，有着不同的脏器关联，也有着不同的性格与命运呈现。这就是生理健康所蕴含的命运玄机，它是建立在唯物论和系统论的基础上、而并非随意攀扯说说而已的。

中医讲，精气神足的人神足无忧，中气足的人自信，这样的人自然就会命运畅达。比如农民身体好，就能够在生产领域获得与其相关的机遇：或者好收成，或者成为村长；技术工人身体好，就业几率或者待遇可能就要好于同类的技术人员；官员身体好，就能够有更多的为人民服务的机会，比如当更大的官去为人民服务等等。

三、伦理因素

当然，说身体、性格、命运是一体的，那么肯定有人要问了：在现实生活中，岂不是身体越好的人，性格与命运也会越好吗？并非如此，动物世界食物链的生存环境下，身体是唯一决定因素。也就是说，越强壮的身体就会有越稳定的性格结构，以及越好的命运安排。但是在人类世界，身体条件并不是唯一决定因素，身体毋宁说是用以把握命运的一种基础性条件，好的身体意味着有了把握命运的机会和能力，并不代表现成的好运。在人类世界，除了身体素质之外，还必须符合人类伦理的原则，以及对语言工具的掌握，才能够说掌握住了命运。因为人类不像动物是以身体的进化为主的，而是通过伦理互助的集体生活，以及语言记忆工具积累生存经验，发展智力，提升生存竞争能力。在漫长的伦理互助生活中，人类的身体作为本能性经验的载体，已经承载了人类道德进化的全部信息，即以痕迹性记忆的形式存储于人类大脑组织结构，作为人类进化方向的一种规定性，凡是违背这种道德进化方向的行为都会受到一种奖惩机制的约束。因此通过语言工具，掌握伦理进化经验越丰富，知识技能越多，这样才能够更好的把握命运。

第五节　国家命运

一、民族性格

以上，我们侧重的是在人类的个体层面论述性格及命运，实际上，人类的国家同样有着性格与命运的问题。所谓国家性格，具体讲就是一个国家当中人民群众的一种惯性化的心理模式，或者说即这个民族的民族精神。如同人类个体一样，国家性格或者说民族精神，也有着健康与不健康的问题，并且也存在着转化程度的不同，即民族精神的类型不同。有一个简单快速的方法能够迅速地识别一个民族的民族精神类型，即这个民族的民族精神类型到底是人是兽，还是人兽合一的，我们通过一个民族的神话就可以一目了然了。让我们对比一下中国与西方的神话故事：首先，我们来看一下中国的古老神话故事。我们会发现中国上古神话有着极为鲜明的尚德精神，这些传说中的上古神话人物均有不食人间烟火及无凡人情欲的神格特征。神话中充满对远古英雄和帝王献身精神的讴歌与礼赞以及对神话人物保民佑民的职分要求。诸如伏羲、女娲、炎帝、黄帝、颛顼、帝喾、尧、舜、禹等，都是崇高和圣洁的。他们不苟言笑，从不戏谑人类，更不会嫉妒和残害人类。在个人的私生活上，他们从来都是十分规矩和检点的，十分注重小节，注重品行和德操的修养，并且尊贤重能。几乎每一位神话人物在其传说记载中均没有世俗的情思与欲望，只有神圣的光环，纯洁的品性和高尚的情操，而民众每每提及这些人物时只会仰面向上，顶礼膜拜而不会有丝毫不恭不敬。这些神话中的人物，实际上就是古老中国人对原始公有制社会始祖的一种记忆投射。他们把始祖的功劳投射到神话人物中去，由此证明了中国始祖是重视道德与伦理的，并且具有一种无私的奉献精神，因为我们从盘古开天、女娲补天、夸父逐日、精卫填海、愚公移山等一系列的神话故事中，看到是都是一种勤勤恳恳、为民服务的精神形象，有一种可以为了理想和信念牺牲自己的无私品格。

我们再来对比一下西方的神话故事。在希腊、北欧等西方神话故事中充满了血腥与非伦理的暴力冲突，仿佛置身于动物世界。如希腊神话：

宇宙最先生下了开俄斯（即混沌）、胸怀宽广的地母该亚、地狱之神塔尔塔罗斯、爱神埃罗斯。开俄斯又生了黑夜之神尼克斯和黑暗之神埃瑞波斯；尼克斯和埃瑞波斯结合后生下了太空和白昼；该亚则生了乌拉诺斯（天空）、大海、高山。这时乌拉诺斯成了主宰，他与母亲该亚结合，生了六男六女共十二位天神。后来，第一代主神乌拉诺斯被儿子克洛诺斯阉割了。克洛诺斯与妹妹瑞亚结合也生下了六男六女，宙斯是最小的一个。克洛诺斯害怕他的儿女们像他推翻父亲一样来推翻他，便将自己的所有儿女都吞进了肚子之中。在宙斯出生之前，瑞亚在地母该亚的帮助下逃到了克里特岛，上岛之后才生下了宙斯，宙斯这才幸免于难。后来宙斯联合诸神推翻了父亲克洛诺斯，逼他吐出了哥哥姐姐们。于是宙斯便在奥林匹斯山上建立了神性王国，自己做了至上神。

这则希腊神话表明，宙斯的神界秩序是在代代天神们的血肉之躯上建立起来的，更严重的是这种杀戮还都是骨肉之戕。

再来看看巴比伦的神话：

记载着巴比伦神话的《埃努玛·埃立什》说，开初，神族有两大派：一派象征着无规律的"混沌"，是从汪洋中生出的神怪；另一派象征着有规律的"秩序"，是从汪洋中分化出来的天神。创世的过程被理解为混沌与秩序的战斗过程，最后秩序战胜了混沌，且以混沌族神怪们的尸体创造了万物和人类。

北欧神话则说，天神奥定杀死了强有力的冰巨人，以他的尸体创造了世界上的万物。

通过对比中西神话，是不是发现中国的神话原型中更多的是人类伦理互助家庭模式下的心理特征，而西方诸国的神话充满了暴力与斗争，更像是动物世界食物链的残酷生存现实，由此来推论中西方的不同民族性格、民族精神，或者说食物链心理的转化程度，不是一目了然吗？中华民族历来崇尚仁义，加之新中国成立前数千年封建私有制压制，及儒家思想的驯化，整体的民族性格就如同食物链底端的植食动物，趋于整体的自卑与忍辱负重，而西方国家则如食物链顶端的食肉动物，性格飞扬跋扈，这从欧美人与中国人的眼睑就能看出来。中国人长期在强权压迫下生存，由此养成了不敢正视权威的性格，长此以往，在生理学层面就形成了向下的眼睑，而欧美人则如食物链顶端动物，他们敢于挑战权威，眼睑也是朝上的。

二、民族命运

一个人的命运是由其性格、身体素质和其所掌握的文化工具所决定的，而一个民族的命运则是由这个民族的身心健康程度，以及民族内部实施的经济分配模式所决定的。性格决定命运，这个定理同样适用于一个国家。一个人如果性格懦弱，没有主见，那么一定会受到他人的欺凌；一个国家如果在其国内推行一种奴化的意识形态，那么这种不健康的意识心态必定会给这个国家带来灭顶之灾，如中国清末，中国人民受尽了外族的凌辱。

尤为重要的，对一个国家的命运有着决定性影响力的是这个国家的经济分配模式，一个国家的经济分配模式是否健康，是否符合人类伦理互助的根本原则，决定了一个国家的命运前途。因为经济分配模式，说白了就是到底是维护一小部分人的利益，还是维护全体人的利益。如果选择私有制，那就等于说选择了动物世界食物链的活法，鼓励一部分身强力壮且拥有强大文化工具的成员对绝大多数相对弱势的成员进行公开合法的掠食，那些老人和小孩，以及生活技能不全者，会被边缘化为社会的底层，过着悲惨的日子；选择公有制，则意味着，以家庭伦理互助的原则来管理这个国家，让老有所养，幼有所教，人人有饭吃，人人有事做。这是一种不会产生两极分化的社会制度，并且能够保障民族内部那些社会财富的真正创造者能够公平合理的拥有生存资料和繁衍权利，这样整个国家就会处于一种良性的健康状态，即一个民族的整体性运气会很好且强大。

但是我们环顾全球，真正实行公有制的国家寥寥可数。因此人类命运整体上还是被私有制国家所主导，私有制国家主导下的世界格局，实际上就是类同于动物世界的食物链：大国肆意欺凌小国，大国甚至可以以毫无根据的理由推翻一国的政权，如美国，为了其利益指哪打哪。比之动物世界顶端的食肉动物尤为可恨的是，在以欧美为主导的私有制国家的掌控下，全人类正陷入周期性的经济危机之中。而这种危机，源于掌控金融资本的欧美大资本家的贪得无厌。也就是说，全人类都在为这些贪得无厌的大资本家买单，因为他们非道德的投机行为，人类时刻生活在动荡不安的环境中。我们应该挣脱这些非道德者对我们命运的操纵，而真正掌握住我们自己的命运。因为人类注定不能像动物那样自私自利地活着，而应该以互助互利的生产者形象，为全人类的共同进步，作出自己的贡献！

三、公有制社会没有命运一说

我们说人类的命运实际上维系于人类到底采取的是一种怎么样的生存模式，到底是如私有制的食物链生存模式，还是选择公有制的人类互助生存模式。因为私有制的食物链生存模式会让人的命运波动起伏，并且会有周期性的流转。这种周期性的起伏流转也就是通常所说的"三十年河东，三十年河西"，或者说"富不过三代"。因为私有制社会是逐利的社会，这种社会生存环境就像动物世界一样，那些暂时得势、身强力壮的人会命运亨通，财运滚滚。但是这种好运是带有周期性的，并不是持续不变的，一旦他们遭受到意外的风险，他们的命运就会发生翻天覆地的变化。因为在私有制社会，就像在食物链中一样，各人只能对自己负责，而不像伦理互助的家庭一样，由家庭对各人负责，不论是遇到什么样的天灾人祸，都可以在家庭这一互助集体的共同帮助下度过难关。

公有制社会就是互助家庭形式的逻辑推演，在公有制社会根本没有命运一说。之所以这么说，是因为公有制社会有大公无私的父权管控意志和力量作为根本保障，在这种力量的保障下，人与人之间相互平等，生产资源公平分配，老人能够安享晚年，小孩能够得到良好的教育，社会里面没有失业的流浪者，人人都以自己的生存经验从事着社会的集体建设，生病了有国家的医疗保障，不用担心没有住房，因为国家会保障人人都享有居住的条件，即使是遇到了天灾人祸，也会有国家和互助的组织来共同帮助个体度过危难。试想一下，在这样的国家生存模式中，会出现波动起伏，周期流转的所谓命运吗？集体互助的力量让人类能够克服个体的所谓流转起伏的命运，因此所有社会成员都能够保持一种长期、持久和稳定的生活状态和心态，不再遭受命运的摆布。

第八章
改变命运

命运如何改变？需要我们把握它的规律性。

行文至此，相信有心的读者对人类的命运已经有了慧心之见了。关于人类的命运，不论是人类个体还是一个国家，都可以在生物学的基本机制中找到答案，而无须通过故弄玄虚，或者纯粹文字概念推演游戏。命运之于人类，有着突出重要的意义，故我们必须通晓其理，然后转恶成良，化难成祥。人类进化来自动物，这是生物学进化论的基本观念，因此，在人类未进化出跨越动物的家庭伦理互助生存单元时，其命运跟动物的命运都是受到动物世界食物链法则，实质上也就是自然法则的制约的。这种法则是以相互竞争竞食为手段，而达到种内之间、种与种之间，乃至整个生态系统的平衡，因此这样的人类与动物时时刻刻都要生存在一种相对匮乏的环境之中，动荡不安，命运的轨迹也是此起彼伏，难得平静。及至人类进化出伦理互助的家庭生存单元，人才部分地摆脱了自然法则的束缚，因为不同于自然法则的零和平衡，人类从此走向了增和平衡，即人不再作为纯粹的消费者以你死我亡的生死斗争参与资源交换，而是通过勤劳的生产劳动，达到种内之间、种与种之间的相互平衡，因为能生产的人类摆脱了大自然资源的部分限制。并且由于人类伦理互助家庭的安定环境，人类的命运轨迹也越来越趋于平衡和协调，不再像动物般动荡不安。但是不幸的是，人类毕竟是由动物进化而来，与生俱来的动物本能性心理并没有在人类短暂的文明史中完全转化成功，部分人类利用智力优势在人类内部实施了如种间斗争一般残酷的食物链生存模式，让一部分人控制着绝大多数人的生存资源，人类两极分化。在整体的隐形食物链环境下，每一个个体也深受其害，命运也如动物世界般的动荡不安，而原本我们是应该生活在一个伦理互助，安定和谐的环境中，享受全人类的共同繁荣的。所以我们必须改变命运，不论个体抑或民族国家。

第一节　从身体做起

根据生理性＝性格＝命运的基本逻辑链，我们也就明白了要改变命运，首先需要从身体抓起。从身体抓起而不是从语言文字抓起的理由是：人类性格作为人类本能性的情志反应系统，它是一种稳定性与规律性的情绪反应。这种情绪反应已经深入一个人的身心深处，以致于在人类大脑神经系统中都形成了沟回式的结构体系。这就好比一个人在长期的进化过程中进化出了眼耳鼻舌等，这些器官都是人类长期模式化行为的产物，目的是为了更好地服务于人类生存。情志反应系统，或者说性格体系从根本上说也是服务于人类适应性生存的一种工具体系。之所以在食物链生存环境中，动物的性格体系表现得那么起伏不定、动荡不安，恰恰是因为只有时时刻刻保持高度警惕，才能够持续生存下去，而长期性的高度警惕，表现出来的性格就会显得胆小、谨慎、战战兢兢；人类因为有了稳定的家庭伦理互助的生存单元，才从动荡不安的食物链环境中解脱出来，不需要时时刻刻担心生存问题，所以也就不会随时警惕，在性格表现上就会显得波澜不惊、自信、从容、勇敢等，这是两种不同模式的结果，都是服务于物种的生存的，在根本的目的上是一致的。人类这种长时间的稳定状态，大大减轻了人类的身体负担，长时间保持警惕状态、性格暴躁冲动等动物式的特点，对人类智力的进步并无好处。相反，长时间的稳定状态对人类的逻辑能力和预见能力的提高都有极大的帮助。

性格体系跟身体是一致的，激烈不和谐的性格反映出来的是五行不调的身体；反之，五行不调的身体也注定了性格体系的激烈动荡。因此要改变性格体系首先要改变身体素质，或者说改变人类长时间模式化行为所造成的大脑沟回结构。只有从身体的根本结构上调整，才能对性格体系有一个根本的整合，也才能对命运有一个整合的作用。而试图通过语言文字来改变一个人的性格，或者说通过读几本书、明白道理就能改变命运，那只能说对人类身体＝性格＝命运的基本逻辑链关系没有一个起码的了解。因为语言文字能够作用于大脑的效率远远不及身体改造来得快。这里我们推荐一种身体改造的最基本、最常见的方法，即健身跑步。大家可能会说，健身跑步不是现在很多人都在做吗？有什么稀罕的！说这些话的人，多半是知其然，不知其所以然。大家或许只是知道健身跑步有锻炼身体的功能，对于它能够改造人的性格，以及影响人的命运，多半是不知道的。那么健身跑步其中蕴含的道理是什么呢？我们可以这样来理解：性格系统是一种情志化的反应模式，有着很强的稳定性和规律性，所以注定了要改变一种行为习惯是很难的，它必须打破旧有的条件反射机制，重新建立新的条件反射机制，旧有的反射机制具体表现是什么？就是当你做一件事情做到很累很辛苦，感觉再也不想做下去时候，萌生的一种惰性和不愿意改变的想法，可以理解为惰性的习惯，或者说一种习性。如果只是漫不经心的读几本书，根本不会触动人旧有的条件反射机制，即不会触动你的惰性习惯。只有通过一种高强度的身体锻炼，如我们讲的健身跑步，才能不断激起旧有的条件反射机制，而只要我们坚持下去，将这种惰性的习惯慢慢转化下去，其实也就是在建立新的条件反射机制。通过不断健身跑步，新的条件反射机制会不断替代旧的条件反射机制，这样一个过程也就是个体五行不断协调的一个过程，五行协调了，性格也会日驱稳定，命运也就不会那么动荡不安了。

当然，这个身也可以从广义的角度来理解，即国家之身。国家之身，其实就是全体民众的民生。一个国家，如果社会没有两极分化，国家内物阜民丰，人人平等享有生存资源，人人有事情做，老有所养，幼有所教，壮有所用，这个国家之身就是健康的，这个国家呈现出来的整体国民性格就是稳定平衡的，国家的命运也一定会越来越好。反之，如果是两极分化的社会，极少部分人压榨绝大多数人，那么这个国家就是不健康的，国民性格肯定是动荡不安的，表现出来的就是各种动乱和民生的凋敝，国家命运堪忧。

第二节　注重教育

注重教育可以分两层来说，一是个人，一是国家。对个人来说，注重教育，一者是要着重于家庭教育，另一者是要着重于语言文化工具的学习。家庭教育，对一个家庭，尤其是对家庭中的儿童，其重要性是决定性的。"性格决定命运""三岁看老"等老话有着现代生理学、心理学等的科学根据。如我们在儿童心理形成原理中所指出的，儿童时期是一生当中脑组织分化最迅速的时期，学习能力和领悟能力最强，也最容易塑形，在儿童动物本能性心理向人类伦理心理转化的过程中，如果不注意家庭教育的方式，不仅仅会错过对儿童教育的一个绝佳机会，更会错失儿童心理转化的黄金期，之后再想通过教育改变儿童性格，难上加难。家庭教育的根本是要建立一个伦理互助的良性生态系统。

第一，家庭中的父母是彼此相亲相爱，共同遵守一夫一妻原则，这样才能从根本上确保一个家庭的稳定。试想如果一个家庭中的父母，不论哪一方在外面有外遇，无疑都是人类繁衍方式的退行，因为只有动物世界是一夫多妻或者一妻多夫的，人类之所以能够从动物世界中脱颖而出，就是因为遵循了一夫一妻制组建起伦理互助的家庭。如果一个家庭违背了一夫一妻的根本原则，或者家庭中的父亲在外面找小三、小四，或者家庭中的母亲找其他男人，这些都是在家庭内部还原食物链的生存方式。因为父母的这些行为就是在告诉他们的子女，你们以后也可以这样，也可以像动物一样不用对家庭负责，不用对子女负责。这样一种家庭养育出来的孩子，肯定也会像动物一样，没有安全感，而且自私自利，因为家庭中没有人关爱他，只有自己爱自己，自己为自己打算，这也是食物链的基本生存法则。

第二，家庭中要遵循尊老爱幼的原则。动物世界是不赡养老人的，它们任由年老的动物被无情地淘汰，这样它们的宝贵生存经验也就无从传承下去。尊重老人、赡养老人，让老人也能够拥有公平的生存资源分配权，是人类智力传承的重要前提，并且只有尊重老人，才能给子女树立其家庭伦理互助的生存氛围。如果放任老人不管不顾，只顾自己自私自利的生活，同样会激起儿童的食物链心理，让他们没有反哺之心和感恩之情，如同动物一般，只知有自己，不知有他人。

第三，家庭中的父亲要给子女树立劳动者的榜样，并合理安排家务。人之所以区别于动物，是因为人类摆脱了食物链中不劳而获的消费者模式，而转而变成能够进行生产的劳动者。能够进行消费不稀奇，能够进行生产，而且是有计划的生产，则是人类的特色。因此在一个家庭中，父亲要树立起劳动生产者的榜样，要以身作则地告诉儿童，只有通过劳动生产的成果才是一个人类该有的行为，而那些只消费不生产，还奢望不劳而获的心理和行为都是动物式的行径，是不符合人类的生存规律的。只有父亲承担其这样一个劳动生产者的角色，并且在家庭内部也实行量力而行的家庭劳动，才能让儿童切身地明白劳动生产的意义，从而杜绝动物式的行径。通过家庭内部伦理互助生态系统的构建，儿童在日常的耳濡目染之下，不断学习和模仿父母的道德行为，在心理转化上也是一步步地向着人类伦理互助的心理迈进，这样一种氛围下的儿童性格及命运，不言而喻，肯定是平衡与良好的。

性格决定命运，而文化工具则会对命运产生各种加成的影响。动物的竞争力全部在于身体的结构与功能，人类在身体上的差距是微不足道的，一个跑的最快的专业运动员，跟普通人的差距可能也就是几秒的事情。但是人类随着语言的丰富，生存经验的传承，智力发育之后，人类的各式语言文化工具也极度发达起来，通过学习这些语言文化工具，对人类的命运有一种加成的影响力，如身体素质差不多的一个农民跟一个歌星，他们的收入天地悬殊，农民辛苦劳作一年收入可能不及一个歌星一天的收入，造成这种不公命运的就是人类文化工具的加成作用，只是这种加成作用是被人类滥用了，扭曲了人类文化工具服务于全体人类的本意。

在国家教育方面，正确或者说伦理与否的意识形态教育，对一个国家的国民至关重要。以我们国家为例，在封建主义私有制，国家大力宣传"学而优则仕"的意识形态，这种意识形态工具扭曲了本能劳动与智力劳动的本质，为充分压榨本能劳动产物铺平了舆论基础，经过数千年的一直传承，人们现在理所当然地认为智力劳动就是要优于本能劳动，以至于一些非劳动性质的智力劳动也滥竽充数，以极度扭曲的形式，压榨着普通劳动者的本能劳动成果。这样一种意识形态就是非伦理的意识形态，它只是便于剥削的工具而已。真正伦理的意识形态，是能够让全体国民都意识到家庭的可贵，让全体国民都能以家庭的原则来建设国家，让每一个人都明白劳动的真正意义，明白老有所养，幼有所教的价值等等，只有这样，一个国家才有一个伦理道德的社会，而不是趋于食物链的生存。

第三节　由私向公

从生物学角度来说，人跟动物无异无别。因为人跟动物一样，任何行为的目的都是为了更好地生存和繁衍下去，即食与色的追求是人类跟动物的共同追求。动物进化史也罢，人类进化史也好，抓住食与色这一进化的根本目的，也就明白了进化的逻辑。为了更好地获取食与色，不论动物还是人类都必须有相应的生存工具来参考对照，便于识别摄取，这样一种系统性的参照识别体系就是自我意识体系，也就是日常所说的"我"。人们通常认为"我"是一切自私的原点。因为有了"我"之后，万事万物就变成了以"我"为中心的参照系统的一部分，所有的认识都没法逃出"我"的范畴。但正如我们在第一部分所说的，"我"即自我意识系统的形成，是物种为了快速识别周遭环境，以适应性生存的一种工具体系，"我"不必然就自私，自私是因为执取了一个局部的"我"，并且把它当成了所有的中心，而没有看到全部的事实。如食物链的动物，动物的虎斑纹抽象记忆原理，换个角度看，实质上就是一种"我"的表现形式，即动物通过虎斑纹的抽象记忆形式，一代代地把"我"的这种观念传承下去。通过虎斑纹记忆，食物链动物知道了食物链的天敌、资源、伙伴等攸关生死的生存信息，并确定地知道自己在食物链的地位，这不就是动物"我"的一种表现吗？但是大家发现没有，动物的这种"我"是很有局限性的，它的本能性心理会告诉它哪些是天敌，哪些是资源，哪些是伙伴，以及它们在食物链中的地位，所有这些组成了动物们"我"的世界。在它们的世界里，弱肉强食，优胜劣汰，相互竞争，相互厮杀。动物们的"我"是局限性的局部认识，在动物世界食物链生存模式中，它们别无选择，只能一条道走到黑，注定只能依靠"我"，自私自利地走下去。因为如果它不自私自利的话，它自己就会被食物链的法则淘汰掉。所以为了生存，动物们必须自私。这也就是对于通常认为的

"我"是自私的一种辩证认识。与其说动物的"我"是自私自利的，不如说它们是自然法则下不得不为的生存之举。

如果说动物的"我"是自然法则下的不得不为，那么人类的"我"有着更多的选择和自由。因为动物的"我"实际上相当于执行食物链法则的工具，如老虎吃野牛、野牛吃草等，一系列的生存适应行为中，动物们的"我"一直都在维系着食物链的法则，它们从来没有认识到食物链法则之外的事情，所以说这种"我"是局限性的局部认识。人类的"我"则不然，因为采取了人类伦理互助的家庭模式，人类的语言丰富了、智力提高了，为人类从食物链解放出来、另辟一种人类的生存模式，提供了条件。人类的"我"由动物只能局限于食物链法则的局部性认识的"我"，转化为可以认识食物链法则，以及食物链法则之外的一种人我一体、伦理互助的全体性认识法则。也就是说，人类能够全面认识到万物一体的自然法则，可以选择天地间任何一种活法，如想像鱼一样自由，可以制造潜水艇；想像鸟一样翱翔，可以坐飞机；想像豹子一样敏捷，可以坐汽车等。人类认识到了所有物种的属性功能，可以活得跟生态系统一样，而不被食物链法则所限制。

尽管如此，人类还是不能摆脱对食色的基本追求。原本"我"只是一种适应性生存的工具，没有实实在在的一种东西叫作"我"，但是动物局限于食物链法则而认定了"我"，陷入自私自利；人类因为不能摆脱对食色的追求而陷入如动物般局限性的"我"当中，变成了食物链的一份子。人类发明家庭的意义就在于对食色的分配模式进行了结构性的改革，从而保障了人类能够长期、长久地享有食色的供应，而不至于像动物那样通过相互竞食的方式得到满足。所以说，家庭方式大大提高了人类获取食色的稳定性和效率。

推衍至人类社会，其基本原理也是如此。遵循家庭中对生存资源的合理分配原则，从而保障全体人类能够像在家庭中那样持久、稳定地获取应得的生存资源，不至于像在食物链那样只能通过你争我夺的形式获取满足。人类社会公平合理的分配模式，能够杜绝人类间如动物般你死我活的竞争，这样人类就不至于走向如食物链般的自私自利。但是，历史上的事实却是，人类的私有制社会，人与人之间的分配方式完全模仿了食物链的分配方式，这种食物链环境下的人类，其自我意识，也就是"我"，也如同动物世界一般，眼里看到的都是天敌、食物等食物链信息，为了躲避天敌而逃跑，为了食物而相互竞争等行为与动物如出一辙，同样的自私自利，他们完全没有意识到自己身为人的本质。

人类注定不能像动物一样，尽管我们陷入隐形的食物链，在私有制资本的掠食下，我们身不由己。但是作为人类，不能像动物一样活着。为了改变我们自己的运命，我们必须要由私向公。所谓由私向公，就是要充分认识到人类的本质，认识到人与人之间、人与万物之间的一体相关性，并且按照一种公平的分配形式组建家庭、社会和国家，实行公有制的国家管理体制，让每一个人都公平地得到国家的保护，不再像动物那样只是自私自利地想到维护自己的利益而罔顾同胞之情。动物自私自利尚且情有可原，因为它们局限性的"我"不足以支撑它们实行公平的分配，以组建家庭、社会、国家等。人类已经确确实实地建立起伦理互助的家庭模式，只是由于部分人类被本能性动物心理，即动物局限性的"我"所控制，而不能在国家内实行伦理互助的生存原则，反而制造隐形食物链，造成人类命运的动荡不安。

事实上，人类越是无私，其命运就会越好。因为人类是通过伦理互助的进化走到今天的，我们的身体和我们的心理都已经深深地打上了伦理的印记，我们的大脑也早已形成了对伦理互助情境的一种舒适反应，而那些非伦理的行为或者被我们大脑过滤成为潜意识，或者被自我惩处机制所掌控，而造成种种的内疚不安等。一个无私的人在持续不断的践行着无私的言行，持续不断的践行就是一个唤醒始祖记忆的过程，因为人类始祖的所有记忆早已经通过遗传的方式完美的传承到了每一个后代的大脑结构之中了。只有伦理互助的情景和言行才能激活这些尘封的记

忆痕迹，而激活越多的始祖记忆，也就意味着离始祖的伦理互助的生存
环境越近，也就越平稳，越幸福。

第四节　回家之路

人类自呱呱坠地那一刻开始，就注定要一辈子去寻找回家的路。比
动物要幸运的是，动物永远都没有办法回家了，而人类尚有一线生机。
不只是动物，还包括人类，无时无刻不在寻找平衡。这种平衡性的源头
就是母亲的子宫，因为在子宫里面，物种没有衣食之患，没有天敌之扰，
不用担心吃了上顿没下顿，生存资源的充裕满足让物种在母亲的子宫里
面感受到了持久的稳定性和平衡感，这种感觉会以生物学痕迹记忆的形
式永久地伴随着物种，只是除了人类之外的其他物种，自出生之后，只
能在食物链的生存环境中过着起起伏伏的命运，再也难以感受到如母亲
子宫般稳定和温馨的感觉。人类与此不同，为了能够再次回到母亲的怀
抱，人类发明了家庭，家庭中成员之间相互帮助、资源公平分配，不论
是老人还是小孩，都能够得到照顾。这样一个稳定、团结、又资源充裕
的集体互助单元，就像人类母亲的子宫一样，让个体能够在其中遮风避
雨。因此，家也被人称为"温馨的避风港"，无论遇到多大的困难，只
要回到家，就仿佛什么事情都能够解决，因为人类在家中得到了一种平
衡的力量，这种力量可以整合人类的心理，让人类能够高效的应对复杂
困难的事情。人类以家庭的原型又在一个大的社会范围内建立"家"的
感觉的组织物——公有制社会，可以说人类母亲子宫——伦理互助家
庭——公有制社会这一逻辑链，是人类寻求平衡，寻找家的感觉的一种
逻辑必然。

　　人类回家之路并不是一帆风顺，而是起起伏伏：我们经历了数百万年的原始共产主义社会，随之而下，我们经历了数千年的私有制社会，一种完全模仿动物世界食物链生存法则的生存模式，而在近二百年中，人类设想、落实、真正地建立起公有制国家政权的，也是寥寥无几，世界仍然被私有制国家所主导，人类社会默认的法则依然是弱肉强食、优胜劣汰的生存法则。人类的命运依然在动荡不安之间摇摆。私有制社会两极分化，不仅出现了食物链层级式的两极，在食物链的底端，即社会底层之间，也经历着残酷的生存竞争。底层之间由于生存资源的匮乏，竞争甚至比上层的更加剧烈和动荡不安，人与人之间相互算计，没有基本的信任感和安全感，所以生活更加颠沛流离和饥寒交迫。而社会顶层，由于占有了丰厚的生存资源，反而能够将周边的氛围整合得平稳和谐，而不像底层般动荡不安。

　　可以说，只要出现两极分化，或者出现少数人占有绝大多数人的生存资源现状，又或者人口的极大失业等等，就意味着人类正处在一个类食物链的生存环境之中，并且正经历着起起伏伏、跌宕不安的命运之中，这时候人类的心理结构也会出现像动物一样短促激烈，还会出现各种潜意识症状。有著名的传统文化学者预言21世纪是人类的精神病世纪，意思是21世纪会出现许许多多的精神病症状，这跟现在的食物链生存环境是紧密关联的。大家如果关注动物世界就会知道，一些动物有装死的本领，这种装死的本领是当它面临生死存亡的又无能为力的时候，它会本能地选择装死，以此来瞒过天敌的追杀。人类的精神病症状是类似于动物的装死本能的，当现实生活中的环境过于残酷，超过了个体的生存极限接受能力，为了保护个体不至死亡，大脑神经系统就会通过功能性的精神病症，来隔离个体认知与残酷现实的联系，从而达到保护个体的目的。

　　人类回家之路如此艰难，但这条路是必须走的。人类注定会由私走向公，只要我们全体人类认识到食物链生存的现实，并且从现实的角度去改变它，如我们不同层级，以及同一层级不同个体之间，切实地认识到食物链生存的事实，不再选择以相互竞食的方式实现个体的壮大，而应该是以互助协作的形式实现彼此的共赢。动物世界食物链法则是零和游戏，一群狮子的存活意味着一群麋鹿的献祭，而人类社会决不如此，人类社会是增和效应，只有你添一，我添一，彼此才能共享共荣，这也正是人类可贵之所在。

后记

　　其始也简，其毕也巨。从一些零星的思想感悟，逐渐组织成为一段段富有逻辑性的文字体系，需要的时间和经验沉淀太大。笔者对于本书有一个衷心希望，即凡是能够读到本书的人都明白我们到底是从哪里来的，我们现在在做些什么，等待我们的未来又究竟如何。

　　我们人类本来是一体不二、无私无我的，因为食物链的生存压力，我们才会有自我意识，并且随着生存经验的丰富，人类借助语言工具可以任意地物化自然界其他一切动物的生存经验，成为某种动物。对人而言，无限存储的语言记忆工具成就了人，可也正因为这种生存经验的存储，人类也面临着私有制智力活动异化的危机。一部分人为了一己之利，利用智力活动造成人类的食物链层级分化，人也因此成了他人剥削奴役的一种工具，人的命运也因此波动不安。

　　改变命运，只有废私而向公。